Spionage

Knifflige Codes und geheime Fälle

Spionage

Knifflige Codes und geheime Fälle

Michael Kohlhammer

KOSMOS

Inhalt

MATA-HARI

PASSPORT

EUROPEAN UNION
UNITED KINGDOM OF GREAT BRITAIN AND NORTHERN IRELAND

PASSPORT

DR. RICHARD SORGE

1M DDR
DR. RICHARD SORGE 1895–1944

HELD DER SOWJETUNION

Spionage– ABC

→ Ein Doppelagent arbeitet als Spion gleichzeitig für zwei verfeindete Auftraggeber. Hat man einen solchen Spion, der für die Gegenseite arbeitet, in seinen eigenen Reihen, nennt man ihn einen Maulwurf. Zusätzliche Informationen und Beispiele stehen in den Kapiteln »Anwerbung und Ausbildung« auf S. 58-61, »Berühmte Spione« auf S. 44-47 und »Warum sie spionieren« auf S. 48-49.

Einer der berühmtesten Doppelagenten in der Geschichte der Spionage war Oberst Alfred Redl. Er war vor dem Ersten Weltkrieg hochrangiger Mitarbeiter des österreichischen Geheimdienstes, des sogenannten »Evidenzbüros«. Wegen seines Lebenswandels, der den damaligen Moralvorstellungen nicht entsprach, wurde er vom russischen Geheimdienst erpresst und verriet die wichtigsten Geheimnisse des Kriegsministeriums. 1913 wurde er enttarnt und, um einen öffentlichen Skandal zu vermeiden, mit Pistole und Medikamenten versorgt, um Selbstmord zu begehen.

→ Legal?

Ausgewählte Agenten haben angeblich eine Lizenz zum Töten. Mehr darüber in den Kapiteln »Die Waffen der Spione« auf S. 22-23 und »Ein schmutziges Geschäft?« auf S. 50-51.

Bekannt ist die Formulierung »Lizenz zum Töten« aus den Büchern und Filmen über James Bond. In dem gleichnamigen Film wird er von Timothy Dalton gespielt.

GEHEIME BOTSCHAFTEN

→ SPIONE LEGEN BOTSCHAFTEN FÜR IHRE AUFTRAGGEBER AN EINEM VORHER VEREINBARTEN PLATZ AB, EINEM SOGENANNTEN TOTEN BRIEFKASTEN. DORT WERDEN DIE BOTSCHAFTEN DANN SPÄTER ABGEHOLT. MEHR ÜBER TOTE BRIEFKÄSTEN STEHT IM KAPITEL »TRICKS UND TECHNIKEN« AUF S. 28-33.

Zum Entschlüsseln von Nachrichten wurden auch Maschinen verwendet. Hier eine Abbildung einer britischen »Entschlüsselungsmaschine«, mithilfe derer deutsche Codes geknackt wurden.

SCHLÄFER

Wird ein Spion in einen anderen Staat eingeschleust, um dort ganz normal wie ein Bewohner des Landes zu leben, muss man für ihn zuerst eine sogenannte ==Legende== konstruieren. Meist sind solche Spione zunächst nur ==Schläfer,== das heißt, dass sie zunächst gar nicht spionieren und erst später ihre Aufträge bekommen. Wie eine Legende gebastelt wird, steht im Kapitel »Tricks und Techniken« auf S. 28-33.

Eine Legende ist nur dann perfekt, wenn alle Angaben im (falschen) Pass glaubwürdig sind.

ÜBERLÄUFER

Ein ==Überläufer== ist ein Spion, der die Seiten wechselt, also sein Land verlasst und zum Gegner »überläuft«. Ein solcher Überläufer war Hans-Joachim Tiedge, der von 1966 bis 1985 beim Bundesamt für Verfassungsschutz arbeitete, bevor er 1985 zur DDR überlief. Dort verriet er wichtige Geheimnisse der BRD. Mehr über Doppelagenten steht im Kapitel »Kalter Krieg« auf S. 34-37.

HANS-JOACHIM TIEDGE

GEHEIME CODES

Mit einem Code werden geheime Mitteilungen so »verschlüsselt« oder »chiffriert«, dass sie nur verstanden werden können, wenn man diesen Code kennt. Es gehört mit zu den wichtigsten Arbeiten im Spionagedienst, Mitteilungen zu »dechiffrieren«, also verständlich zu machen, oder einen Code zu »knacken«. Mehr darüber steht im Kapitel »Geheime Nachrichten« auf S. 16-21.

SPIONAGE: KEINE MODERNE ERFINDUNG

Alle großen und berühmten Reiche der Vergangenheit kannten und nutzten die Techniken der Spionage, ob nun Makedonien mit seinem König Alexander dem Großen oder das Reich der alten Ägypter. Ein erstes »Spionage-Handbuch« erschien in China im Jahr 500 vor Christus.

Das Auge des Pharao

Sisenes weiß, dass er rettungslos verloren ist.
Morgen würde man ihn zum Tode verurteilen
und bald darauf hinrichten. Wie hatte er sich
auf die Sache nur einlassen können?
Sein Herr, König Darius von Persien, hatte ihn
an den Hof seines größten Feindes geschickt:
Alexander des Großen, König von Makedonien.
Der Auftrag: einen Verwandten von
Alexander zu überreden, diesen umzubringen.
Dessen Lohn: Nachfolger des Königs zu werden.
Aber der Agent Sisenes wurde enttarnt und
unter Folter gestand er den Auftrag.
Damit war sein Schicksal besiegelt!

König Alexander von Makedonien (356-323 v. Chr.), einer der mächtigsten Männer des Altertums. Kein Wunder, dass er Feinde und Neider hatte, die ihm nach dem Leben trachteten.

✳ ZWEI GESCHICHTEN – KEINE WAHRHEIT

Die Geschichte des glücklosen Agenten Sisenes (4. Jhd. v. Chr.) wurde Jahre später so niedergeschrieben. Aber es gibt auch eine andere Version: Sisenes war ein Freund Alexanders! Aber eines Tages fand man bei ihm ein Schreiben, in dem er aufgefordert wurde, Alexander zu töten. Die Makedonier hielten Sisenes deshalb des versuchten Königsmordes für schuldig und richteten ihn hin. War Sisenes aber vielleicht nur das Opfer einer Intrige geworden? Hatte man ihm den Brief untergeschoben, um ihn zu beseitigen?

Wir wissen heute nicht, welche dieser Geschichten der Wahrheit entspricht. Vielleicht sind beide auch nur reine Erfindung. Aber klar ist, dass es schon früh in der Geschichte von Geheimdiensten gezielte Umsturzversuche, Intrigen und Morde an Herrschenden gab. Diese Geheimdienste sandten Spione aus, um Stärken und Schwächen des Feindes herauszufinden. Im Falle eines Krieges hatten sie dann aufgrund des Wissensvorsprungs Vorteile gegenüber ihren Gegnern. Die ersten Zeugnisse darüber, für wie wichtig Spionage gehalten wurde, stammen aus China.

✳ SUN TSU: SPIONAGE FÜHRT ZU »VORAUSWISSEN«

500 v. Chr. erschien das Buch »Die Kunst des Krieges« des Generals Sun Tsu, das heute noch viel gelesen wird. Ein ganzes Kapitel des Buches befasst sich mit der Bedeutung von Spionage. Danach ist Erfolg im Krieg das Ergebnis vernünftiger Entscheidungen, die auf dem »Vorauswissen« gut platzierter Spione beruhen. Und Sun Tsu betont, »niemand sollte großzügiger belohnt werden als ein Spion.«

Viele Jahrhunderte später, etwa um 1300, waren es wieder die Chinesen, die eine wichtige Neuerung einführten: den Reisepass. Um Spionen die Einreise zu erschweren, mussten sich Reisende an den Grenzen zu China mit einem Pass ausweisen. Er enthielt ein gezeichnetes Porträt des Besitzers.

Gaius Julius Caesar (100–44 v. Chr.): Die unter seinem Kommando erfolgte Besetzung Britanniens war geheimdienstlich sorgfältig vorbereitet worden.

Denkmal des chinesischen Generals Sun Tsu. Er betonte, dass Spionage unbedingt im Verborgenen ablaufen müsse: »Nichts ist geheimer als die Spionage.«

Auf dem Bild zeigt Gott Moses das »Land der Verheißung«, das er auskundschaften sollte.

✳ SPIONAGE IN DER BIBEL

Schon in der Bibel hieß es: »Der Herr sprach zu Moses: Schick einige Männer aus, die das Land Kanaan erkunden, das ich den Israeliten geben will … Zieht von hier durch den Negeb und steigt hinauf ins Gebirge! Seht, wie das Land beschaffen ist und ob das Volk, das darin wohnt, stark oder schwach ist, ob es klein oder groß ist; seht, wie das Land beschaffen ist, in dem das Volk wohnt, ob es gut ist oder schlecht und wie die Städte angelegt sind, in denen es wohnt, ob sie offen oder befestigt sind und ob das Land fett oder mager ist, ob es dort Bäume gibt oder nicht. Habt Mut und bringt Früchte des Landes mit!«

Was hier im Buch Mose beschrieben wird, ist ein klarer Auftrag, Späher, also Spione, auszuschicken, um mehr über den Feind und seine Stärken und Schwächen zu erfahren. Und es handelt sich auch um eine Art Wirtschaftsspionage – wie gut ist der Boden dort, welche Früchte gibt es? Die Spione schleichen sich einzeln ins Land Kanaan, damit sie nicht als Gruppe auffallen und auffliegen. Nach 40 Tagen kommen sie zurück und erzählen von ihren wirtschaftlichen und militärischen Erkenntnissen: »Es ist wirklich ein Land, in dem Milch und Honig fließen; das hier sind seine Früchte. Aber das Volk, das in dem Land wohnt, ist stark, und die Städte sind befestigt und sehr groß.«

Aus den Asterix-Heften wissen wir: Auch die Römer hatten ihre Spione, zum Beispiel Nullnullsix, der sich in das gallische Dorf einschlich, um das Geheimnis des Zaubertranks auszukundschaften.

Pharao Ramses II. (1303-1213 v. Chr.) entging nach raffinierten Geheimoperationen der Hethiter nur denkbar knapp der Gefangennahme.

Alexander der Große von Makedonien war ein sehr misstrauischer Herrscher. Vom Geheimdienst ließ er den gesamten Postverkehr seiner Soldaten kontrollieren. Hier wird er von Richard Burton in dem Film »Alexander der Große« gespielt.

✳ KEIN GROSSREICH OHNE GEHEIMDIENST

Ob Ägypter, Perser, Makedonier oder Römer – sie alle kamen nicht ohne Spione aus. Es ging um das »Vorauswissen« über die Feinde des Reiches, aber auch um Informationen über mögliche Gegner der Herrschenden im eigenen Land. In Ägypten gab es »die Augen des Pharao« ca. 1150 v. Chr., das waren besonders treue Beamte, die eine Art Geheimpolizei bildeten. Was passieren kann, wenn der Feind erfolgreich Spione einsetzt, musste Pharao Ramses II. (1303-1213 v. Chr.) erfahren: Verkleidete feindliche Spione lockten sein Heer in die Falle; dem Pharao gelang es gerade noch, der Gefangennahme zu entgehen.

Auch im Persischen Reich unter Darius I. (549-486 v. Chr.) hieß der oberste Beamte, dessen Abteilung für die innere Sicherheit des Landes zuständig war, »das Auge des Königs«. Wichtig war, dass der König möglichst aktuell darüber informiert wurde, was in seinem riesigen Reich geschah. Dazu wurde ein Kurierdienst von der Türkei über Bagdad bis in die Hauptstadt Susa eingerichtet. 90 Tage dauerte es, bis eine Nachricht von einem zum anderen Ende dieser 2 511 km langen Strecke gelangte.

Für das antike Rom ist zunächst wenig über geheimdienstliche Aktivitäten bekannt. Vielleicht hielt man solche zu Beginn eher für überflüssig. Das änderte sich aber sehr schnell, als es zu den Punischen Kriegen (zwischen 246 v. Chr. bis 201 v. Chr.) mit den Karthagern kam. Deren Anführer Hannibal gelang es mit einer Vielzahl von geheimdienstlichen Tricks, die Römer immer wieder in die Irre und sogar an den Rand einer entscheidenden Niederlage zu führen. Später benutzten dann die Römer selbst gezielt Spionageerkenntnisse, zum Beispiel vor der Besetzung Britanniens.

✳ EUROPAS TOPSPIONE: FRANCIS WALSINGHAM UND PÈRE JOSEPH

In der Neuzeit stand die protestantische Königin Elisabeth I. (1533-1603) von England anhaltend unter Druck: Da war ihre Cousine, die Katholikin Maria Stuart, Königin von Schottland, die ihr den Thron streitig machte. Und da war das katholische Spanien, dass mit seiner berühmten Flotte, der Armada, in England zu landen drohte. Um nicht überrascht zu werden, war Elisabeth dringend auf aktuelle Informationen ihres Geheimdienstchefs Francis Walsingham angewiesen. Der hatte ein hoch effizientes Netz von Geheimdienstlern und Spionen aufgebaut. Sein Wahlspruch: »Wissen ist niemals zu teuer.« Mit seiner Hilfe konnte Elisabeth die Verschwörungspläne ihrer Konkurrentin Maria Stuart aufdecken und sie verurteilen und hinrichten lassen.

Hannibal zieht mit den Karthagern über die Alpen. Damals hatte Rom noch keine Spione, die davon hätten berichten können.

Der Untergang der Armada. England war durch seine Spione auf den Angriff vorbereitet, hatte aber auch großes Glück, weil das Wetter zu seinen Gunsten umschlug.

Und dank der Spione erfuhr sie frühzeitig vom drohenden Angriff der spanischen Armada. Einen ähnlich erfolgreichen Geheimdienst wie den unter der Leitung von Walsingham sollte England bis zum Ersten Weltkrieg nicht wieder haben.

Im Ränkespiel der europäischen Reiche des 17. Jahrhunderts musste sich das katholische Frankreich behaupten. Dessen erster Minister, der berühmte Kardinal Richelieu (1585-1642), konnte dabei auf einen treuen und sehr effektiven Mitarbeiter zählen – Père Joseph. Zusammen bauten sie einen sehr erfolgreichen Spionageapparat auf. Der heutige französische Auslandsgeheimdienst nennt diese beiden Männer seine »Gründerväter«.

Vraye effigie du R. P. Ioseph de Paris predicateur Capucin, Prouincial de Touraine superieur des missions estrangeres et de Poitou, fondateur des Religieuses de Calaire. A rendu l'esprit entre les mains de ses superieures le 18. decembre 1638.

Der Geheimdienstmitarbeiter Père Joseph (1577-1638), eigentlich François-Joseph Le Clerc du Tremblay de Maffliers, trug die graue Kutte der Kapuzinermönche. Von diesem Mann leitet sich unsere deutsche Bezeichnung »graue Eminenz« ab. Sie beschreibt einen Menschen, der im Hintergrund die entscheidenden Fäden zieht.

Francis Walsingham (1532-1590), rechts neben Königin Elisabeth I. Im Film »Elisabeth – das goldene Königreich« von 2007 wird Queen Elisabeth I. von Cate Blanchett dargestellt. Geoffrey Rush spielt Francis Walsingham.

Daniel Craig ist mittlerweile schon der siebte Bond-Darsteller. Seine berühmtesten Vorgänger waren unter anderem Sean Connery, Roger Moore und Pierce Brosnan.

Sein Name

BERÜHMTE SPRÜCHE

»Geschüttelt, nicht ge- rührt«. So bestellt James Bond den in England und Amerika sehr beliebten Martini-Cocktail.

»Schlechte Neuig- keiten, Mr. Bond.« Dieser Satz steht am Anfang vieler gefähr- licher Aufträge für 007.

Den berühmten Satz: »Meine Name ist Bond. James Bond«, hat Ian Fleming übrigens von dem französischen Schriftsteller Honoré de Balzac übernommen. Der lässt eine seiner Haupt- figuren sagen: »Mein Name ist Fox. Sir Vincent Fox.«

PIERCE
BROSNAN

ROGER MOORE

SEAN CONNERY

var Bond – James Bond

Gespannt blicken die Pokerspieler auf die Karten. James Bond nippt an seinem
Martini-Cocktail und spürt, dass mit dem Getränk etwas nicht stimmt. Das triumphierende
Flackern in den Augen seines Todfeindes gegenüber verrät ihm: Er ist vergiftet worden!
Diesmal ist ihm der Tod sicher. Das Spiel ist aus für 007 ...

Aber natürlich entrinnt der beste Geheimagent aller Zeiten wieder einmal der tödlichen Gefahr. Mühsam schleppt er sich zur lebensrettenden Spritze mit Adrenalin im Handschuhfach seines Wagens. In letzter Sekunde kommt ihm sein Bond-Girl mit einem Defibrillator zu Hilfe. Und schon sitzt James Bond wieder am Pokertisch und zockt weiter.

GAB ES JAMES BOND WIRKLICH?

Der Geheimagent mit der Nummer 007 ist eine Erfindung des britischen Schriftstellers Ian Fleming. Fleming war ursprünglich Journalist, ging dann aber zur Armee und baute im Zweiten Weltkrieg für die Marine einen Nachrichtendienst auf. Seine Code-Nummer war 17 F. Nach dem Krieg erfand er, weil er, wie er sagte, etwas Abwechslung brauchte, den Agenten mit der Code-Nummer 007:

James Bond. Die Bücher waren schnell erfolgreich – weltweit bekannt wurden dann die Filme.

WIE REALISTISCH SIND DIE GESCHICHTEN?

Geschickt ordnet Fleming seinen Agenten dem britischen Geheimdienst MI 6 zu, den es wirklich gab (und gibt!), sein Vorgesetzter ist »M«, eine Bezeichnung, die es wirklich gab, und technisch raffinierte Spielereien stellt ihm »Q« zur Verfügung, auch das eine Figur, für die es eine Entsprechung in der Wirklichkeit gab. Aber ansonsten haben die Abenteuer James Bonds mit der Realität sehr wenig zu tun.

*Im Film »Goldfinger« fuhr James Bond diesen Aston Martin,
der mit allerlei technischen Raffinessen ausgestattet war:
Maschinengewehre hinter den Blinkern, Nebelwerfer,
Schleudersitz, ausfahrbare Messer in den Radnaben, ein
ausfahrbarer Kugelfang hinter der Rückbank usw. Der Wagen wurde 2010 für knapp drei Millionen Euro versteigert.*

Vom Rauchsignal

zum WLAN-Sniffer

Ein Coffeeshop in Washington D.C., der Hauptstadt der USA. An einem sonnigen Nachmittag im Frühjahr 2010 betreten im Abstand von wenigen Minuten eine hübsche Frau und ein Mann das belebte Lokal. Sie setzen sich an verschiedene Tische und würdigen sich keines Blickes. Offenbar haben sie nichts miteinander zu tun …

… Nach einer Weile klappen sie ihre Laptops auf und beginnen zu arbeiten. Eine ganz normale Szene, niemand würde hier etwas Verdächtiges vermuten. Aber die Frau und der Mann werden beobachtet – von Beamten des FBI, versteckt in einem Kleintransporter. Sie vermuten: Der Mann, ein Mitarbeiter des russischen Konsulats, tauschte gerade Nachrichten mit der Frau aus. Sie ist eine Agentin. Aber wie machen die das? E-Mails schicken sie sich nicht, das wäre leicht zu kontrollieren. Außerdem müssten sie dazu nicht am gleichen Ort sein. Dann gelingt es den Leuten vom FBI, mithilfe eines WLAN-Sniffers herauszufinden, dass die beiden ein Ad-hoc-WLAN aufgebaut haben und über ihre Laptops Daten austauschen. Noch im Sommer des gleichen Jahres fliegt der Spionagering auf.

Von den Indianern Nordamerikas ist bekannt, dass sie Botschaften über Rauchsignale austauschten.

werden. Und die Nummern der Tafeln bzw. die Positionen der Buchstaben auf den Tafeln konnten von Fall zu Fall neu »verschlüsselt« werden. Ohne Kenntnis des »Schlüssels« war es den Feinden unmöglich, die Botschaften zu lesen.

✳ SKYTALE: DER SPARTANISCHE ZAUBERSTAB

Eine geniale Idee zur Überbringung einer Geheimbotschaft hatten die Spartaner. Um einen Stab von bestimmter Dicke wickelten sie spiralförmig ein Lederband. Das Band wurde dann so beschriftet, dass die Wörter und Sätze nur lesbar waren, wenn das Band wieder um einen Stab mit exakt der gleichen Dicke gewickelt wurde. Die Dicke des Stabes war sozusagen die »Verschlüsselung«, der »Code« der Botschaft.

✳ DIE BELAGERUNG MESSINAS

48 v. Chr., im alten Rom herrscht Bürgerkrieg. Caesar und Pompeius kämpfen um die Macht. Eine wichtige Rolle kommt der Hafenstadt Messina zu. Seit Wochen wird sie von der Flotte des Pompeius belagert. Fällt Messina, ist der Weg nach Rom frei. Aber in Griechenland erringen die Truppen Caesars einen großen Sieg über das Heer des Pompeius. Die Kunde von diesem Sieg muss so schnell wie möglich nach Messina, um die Verteidiger dort zu ermutigen. Caesar benutzt dazu wohl zum ersten Mal in der Geschichte Roms eine Reiterstafette: Auf dem Weg nach Messina warten in regelmäßigen Abständen Reiter, die ihrem erschöpften Vorgänger die Botschaft abnehmen und sie sofort weitersagen. Die Kunde vom Sieg kam rechtzeitig in Messina an, die Bewohner gaben nicht auf, Caesar ging als Sieger aus dem Bürgerkrieg hervor.

✳ FEUER IN DER NACHT

»Nachrichtendienstliche Erkenntnisse« heißen offiziell die geheimen Botschaften, die von Spionen an ihre Auftraggeber übermittelt werden. Und diese Botschaften müssen so übermittelt werden:
→ »verschlüsselt«, also so, dass sie nur von Spion und Auftraggeber »entschlüsselt« werden können
→ möglichst schnell, denn es kann um gefährliche Situationen gehen

Schon lange nutzen die Menschen Feuersignale, um sich über große Entfernungen hinweg Informationen zu senden. Verfeinert wurde dieses System im alten Griechenland. Der Historiker Polybios (ca. 200-120 v. Chr.) berichtet, dass die Feuersignale mit Buchstaben verbunden wurden. Das Alphabet war dabei in fünf Tafeln aufgeteilt. Das erste bzw. die ersten Feuersignale kennzeichneten dann die Nummer der Tafel, das oder die nächsten die Nummer des Buchstabens auf der Tafel. Ein richtiger Feuerzauber – aber so konnten ganze Sätze übermittelt

NACKTE WAHRHEIT – HAARIGES GEHEIMNIS

Griechen und Römer kannten eine besonders raffinierte Methode, eine Botschaft zu verstecken. Allerdings konnte es sich dabei wirklich nicht um besonders eilige Nachrichten handeln: Einem Sklaven wurde der Kopf geschoren und die Geheimbotschaft direkt auf die Glatze geschrieben. War Haar über die Sache gewachsen, wurde der Bote losgeschickt. Ob sich der Arme wochenlang den Kopf nicht waschen durfte?

SKYTALE – SELBST GEMACHT

Schneide einen längeren Streifen festen Papiers aus und wickle ihn um einen Stab (Kochlöffel, Besenstiel). Befestige ihn gut (z.B. mit Klebeband oben und unten). Beschrifte ihn nun von oben nach unten.

Löse jetzt den Papierstreifen von dem Stab und rolle ihn aus. Deine Botschaft ist nicht mehr zu entziffern! Nur mit einem Stab identischer Dicke könnte sie nun wieder lesbar gemacht werden.

Geheimbotschaft – lesbar

Geheimbotschaft – nicht mehr lesbar

Die Mamluken übernahmen 1250 die Macht in Ägypten und herrschten über ein riesiges Reich. Geheimbotschaften aus Damaskus oder Gaza wurden von Brieftauben nach Kairo gebracht. Sie waren auf dünnes Papier geschrieben und an einem Ring befestigt.

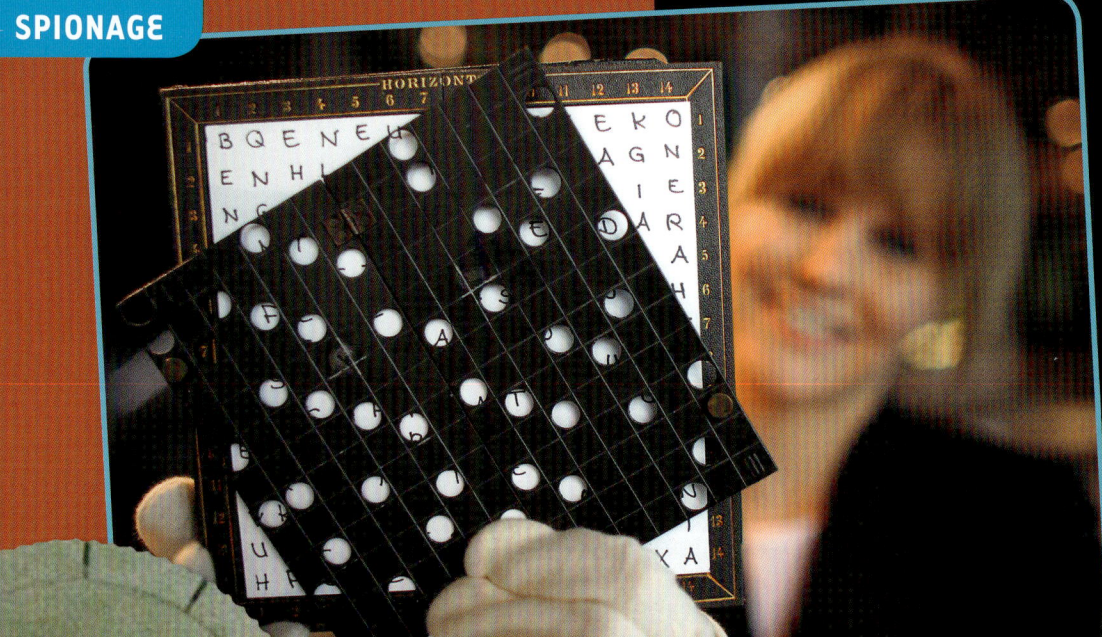

Diese Dechiffrierscheibe aus Messing wurde während des Amerikanischen Bürgerkriegs (1861-1865) verwendet.

Mit dieser Mikropunkt-Kamera konnten Nachrichten so verkleinert werden, dass sie nur unter einem Mikroskop zu lesen waren.

Im Auftrag des Kurfürsten von Hannover beschäftigte sich Gottfried Wilhelm Leibniz (1646-1716) mit der Verschlüsselung von Texten. Dabei entwickelte er die sogenannten binären Zahlencodes, eine wichtige Vorstufe für die Computersprache.

✳ EIN X FÜR EIN U VORMACHEN

Schon Caesar verschlüsselte oft seine Briefe. Dafür ersetzte er jeden Buchstaben durch den jeweils dritten im Alphabet folgenden, also etwa ein A durch ein D. Diese Verschlüsselung von Texten nennt man Kryptografie. Angeblich kommt daher unsere Redensart »jemandem ein X für ein U vormachen«.

✳ DIE GENIALE IDEE DES AL-HINDI

Der arabische Gelehrte Al-Hindi entwickelte im 9. Jahrhundert die Häufigkeitsanalyse, um verschlüsselte Texte zu, wie man heute sagt, »dechiffrieren«. Jeder Buchstabe kommt in verschiedenen Sprachen unterschiedlich häufig vor. Im Deutschen ist z. B. das E mit 17,4 Prozent der häufigste Buchstabe. Wenn man diese Prozentsätze kennt, hat man einen guten Ansatz, den Code des Textes zu finden.

✳ KRYPTOGRAFIE UND DECHIFFRIERUNG

Kryptografie ist die Kunst, Texte und damit auch geheime Botschaften zu verschlüsseln (zu »chiffrieren«), Dechiffrierung meint genau das Gegenteil: die Entschlüsselung dieser Botschaften. Beides sind zentrale Aufgaben geheimdienstlicher Organisationen. Im 17. Jahrhundert gab es an praktisch allen großen Höfen Europas sogenannte »Geheimkabinette«, die mit Ver- und Entschlüsselung von Botschaften beschäftigt waren. Dabei hatte der Kurfürst von Hannover wohl einen der genialsten Mitarbeiter: den Mathematiker und Philosophen Gottfried Wilhelm Leibniz (siehe Abb. links).

PGP (PRETTY GOOD PRIVACY)

Der neueste Stand elektronischer Verschlüsselung von Nachrichten. Nur der Empfänger kann die nach dem sogenannten asymmetrischen Verfahren verschlüsselte Nachricht lesen, da nur er den Schlüssel hat.

Wer die geheimen Botschaften des Feindes entschlüsseln konnte, hatte einen großen Vorteil, er verfügte über wahres »Vorauswissen«, wie der chinesische General Sun Tsu es vor Jahrhunderten genannt hatte (siehe »Geschichte der Spionage«, S. 8-13). Deshalb waren unzählige Wissenschaftler im Auftrag der Geheimdienste immer damit beschäftigt, möglichst nicht zu dechiffrierende Codes zu entwickeln – und auf der anderen Seite ebensoviele, die sich mit genau dieser Dechiffrierung beschäftigten.

✳ FUNKGERÄTE

Eine wichtige Methode für Geheimdienste, Informationen auszutauschen, ist das Funken. Da Telefone leicht abgehört werden können, wurden spezielle Funkgeräte für Agenten entwickelt, die unauffällig in normalen Reisekoffern oder aber auch Aktenkoffern versteckt werden konnten. Heute sind sie noch kleiner und haben Satellitenempfang. Die über unterschiedliche Frequenzen gesendeten Nachrichten lassen sich codieren (verschlüsseln).

STEGANOGRAFIE

Bei der Kryptografie weiß man, dass man eine verschlüsselte (chiffrierte) Botschaft vor sich hat. Mithilfe des Codes muss man sie entschlüsseln (dechiffrieren), um sie lesen zu können. Bei der Steganografie weiß man überhaupt nicht, dass man eine verschlüsselte Botschaft vor sich hat. Dazu gehören:

- *Mikropunkte, das sind auf winzige Punkte verkleinerte Fotos, die man nur mit einem Vergrößerungsgerät (also einem Mikroskop) sehen oder lesen kann.*

- *Geheimschriften, die erst sichtbar werden, wenn sie mit einer bestimmten Flüssigkeit oder einem bestimmten Pulver in Verbindung kommen.*

- *Digitale Steganografie, die in einem unauffälligem Foto ein anderes digital verschlüsselt versteckt. Die im Juni 2010 in den USA aufgeflogene Spionagegruppe russischer Spione (siehe S. 17) benutzte die Technik der Steganografie.*

Die Chiffriermaschine Enigma (oben) wurde seit 1923 gefertigt und von den Deutschen im Zweiten Weltkrieg eingesetzt. Natürlich hatten auch andere Staaten Chiffriermaschinen, die USA z.B. die Konverter M-209.

Ein einfacher Kugelschreiber kann eine tödliche Waffe sein.

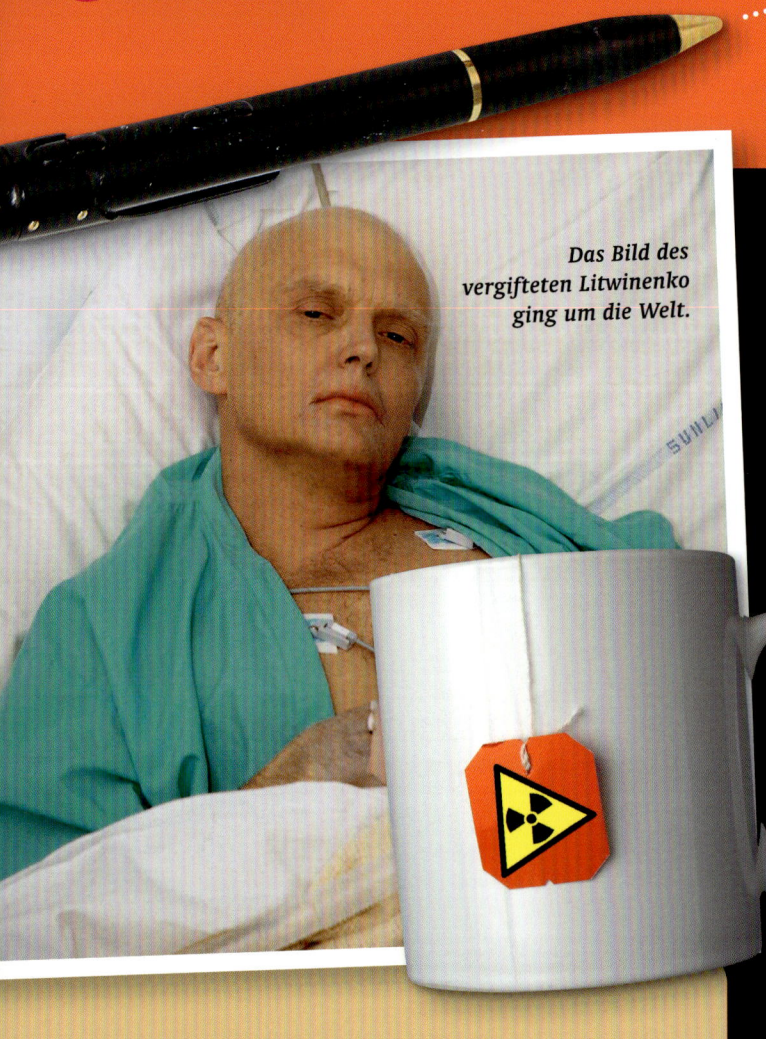

Das Bild des vergifteten Litwinenko ging um die Welt.

Winzig, lautlos,

Eine Gruppe von Männern sitzt in der schicken Bar eines Luxushotels in London. Alle kennen sich von früher, sie waren Kollegen. Ihre Dienststelle: der KGB, der sowjetische Geheimdienst. Man ist in London, also trinkt man Tee ...

... In der Nacht darauf erkrankt einer der Teetrinker schwer. Die Ärzte stehen zunächst vor einem Rätsel. Bis sie herausfinden, dass ihr Patient, Alexander Walterowitsch Litwinenko, mit der radioaktiven Substanz Polonium-210 vergiftet wurde. Und damit wissen die Ärzte auch, dass sie dem Mann nicht mehr helfen können. Später untersucht die Spurensicherung die Teetasse Litwinenkos: Sie ist radioaktiv verstrahlt.

✴ LIZENZ ZUM TÖTEN

Für Geheimdienste zu arbeiten, kann ein gefährliches Geschäft sein, ein tödliches. Und auch wenn heute der weitaus größte Teil der Spionagetätigkeit eher routinemäßig von Büroschreibtischen aus erledigt wird – es gab sie und es gibt sie, James Bonds berühmte »Lizenz zum Töten«. Waren es früher der im Ärmel versteckte Dolch oder der Pistolenschuss aus dem Hinterhalt, so ist heute auch beim Töten Hightech angesagt: das Giftkügelchen aus dem Regenschirm, eine radioaktive

Dieser Taschenkalender birgt ein tödliches Geheimnis.

Taschenuhr-Pistole: ebenso eine einschüssige Waffe, Auslöser ist der Drehknopf, an dem man normalerweise die Uhrzeit einstellt.

Aus dieser Lippenstiftpistole kann eine Kugel abgefeuert werden.

TÖDLICH

Mini-Pistole mit der z.B. eine Leuchtkugel in sehr große Höhe geschossen werden kann.

Substanz, die über Funk gezündete Sprengfalle in einem Handy, ein mit Raketen bestücktes unbemanntes Kleinflugzeug, das von einem Computer von einem anderen Erdteil aus gesteuert wird. Aber es muss auch heute nicht immer nur Hightech sein. Diese Erkenntnis kostete dem ägyptischen Spion Ashraf Marwan das Leben: Zwei Männer stießen ihn am 27. Juni 2007 über die Balkonbrüstung seiner Wohnung in die Tiefe. Ashraf Marwan war sofort tot.

✳ KLEIN – LAUTLOS – UNAUFFÄLLIG

Zunächst einmal: Spione, die dabei sind, Informationen zu sammeln, tragen normalerweise keine Waffen. Das wäre auch zu risikoreich, denn sollten sie verdächtigt oder ertappt werden, würde die Waffe sie nur noch mehr belasten. Aber im Kriegsfall, zur Notwehr – oder eben für »Spezialaufträge« – kann das Tragen von Waffen notwendig werden. Dabei ist es aber wichtig, dem Gegner nicht zu zeigen, dass man bewaffnet ist. Die Waffe muss also bei bestimmten Operationen möglichst klein und damit leicht zu verstecken sein. Und falls man von einer Schusswaffe Gebrauch macht, dann sollte das möglichst nicht für Aufsehen sorgen, der laute Knall des Schusses muss also gedämpft werden. Eine weitere Möglichkeit besteht darin, eine Waffe in einem alltäglichen, unauffälligen Gegenstand zu verstecken und so der Aufmerksamkeit des Gegners zu entziehen.

Dieses Gewehr wurde zur Tarnung in eine Bohrmaschinenkiste gepackt. Mit einem montierbaren Winkel konnte man um die Ecke schießen.

Durch den Schallschutzaufsatz dieser automatischen Waffe kann man fast lautlos töten.

9. November 1914, Direction-Island, Indischer Ozean.
Die britischen Soldaten, die auf den Kokosinseln Dienst tun, langweilen sich.
Ihre einzige Aufgabe ist es, tagein, tagaus, den Funkverkehr auf See zu überwachen
und selbst Signale zu senden. Doch heute ist alles ganz anders:
Ein Schiff nähert sich der Insel, an Bord weht die Flagge der deutschen Kriegsmarine.
Ein Kommando deutscher Soldaten entert die Insel. Doch der britischen Besatzung
gelingt es vor der Gefangennahme gerade noch, einen Funkspruch abzusetzen:

»SOS. Emden here!«

Abhören und Abwehren

*Der Kreuzer Emden lief 1908 vom Stapel.
Er war 118 Meter lang, 13,5 Meter breit
und hatte 361 Mann Besatzung.*

Im 1. Weltkrieg, der zwischen Deutschland mit Österreich-Ungarn und ihren Feinden Frankreich, England, Russland und Serbien ausgetragen wurde, spielten Funkgeräte – und die Entschlüsselung der mit ihnen übermittelten Botschaften – eine entscheidende Rolle. So hatten die Deutschen bei ihrem Sieg in der Schlacht von Tannenberg gegen die Russen deren Funksprüche abgehört und ihren überlegenen Schlachtplan danach ausrichten können. Wichtig wurde das Chiffrieren (also Verschlüsseln) und Dechiffrieren (also Entschlüsseln) von Funksprüchen auf See. Bevor die USA 1917 in den Krieg eintraten, hatten sie Frankreich und England bereits massiv mit Hilfslieferungen durch Schiffe unterstützt. Das war auch der Grund, warum die deutsche Kriegsmarine amerikanische Schiffe bombardierte: Die Ladung war für Deutschlands Kriegsgegner bestimmt.

✳ DAS BRAVOURSTÜCK DER EMDEN

Dem deutschen Kreuzer Emden gelang es zu Beginn des Krieges, durch Abhören von Funksignalen 23 englische Handelsschiffe und zwei Kriegsschiffe zu versenken. Die Emden selbst sendete keine Funksignale, verriet damit also nicht, wo sie sich gerade versteckte. Schließlich jagten nicht weniger als 60 feindliche Schiffe den deutschen Kreuzer. Erst durch den Angriff auf die Funkstation auf Direction Island wurde seine Position bekannt. Und bald war die Emden von einem überlegenen bewaffneten feindlichen Schiff aufgespürt und zerstört worden.

✳ »DIE WEISSE DAME« GEGEN »FRÄULEIN DOKTOR«

Das von den Deutschen unter Missachtung des Völkerrechts besetzte neutrale Belgien entwickelte sich im Kriegsverlauf zum Dreh- und Angelpunkt für feindliche Spionagenetze. Das mit über 1 000 Personen größte war wohl der Spionagering »La Dame Blanche« (Die Weiße Dame), deren belgische Mitglieder gegen die deutsche Besatzung arbeiteten. Die Deutschen ihrerseits unterhielten in Antwerpen einen Spionagering, der von Dr. Elisabeth Schragmüller (»Fräulein Doktor«) geleitet wurde. Zu ihren Kontaktpersonen soll Mata Hari gehört haben (siehe Kapitel »Berühmte Spione« auf S. 46). (siehe Kapitel »Berühmte Spione« auf S. 46)

Die zerstörte Emden

Wladimir Iljitsch Uljanow, genannt Lenin: Um den Kriegsgegner zu schwächen, schleuste der deutsche Geheimdienst den Revolutionär Lenin aus dem Schweizer Exil ins zaristische Russland ein und unterstützte ihn finanziell. Das Vorhaben gelang zwar, aber die Niederlage des Deutschen Reiches konnte nicht abgewendet werden. Und für den weiteren Verlauf der Weltgeschichte sollte das weitreichende Folgen haben: die Entstehung der Sowjetunion und damit die Aufspaltung der ganzen Welt in zwei feindliche Blöcke.

Dr. Elisabeth Schragmüller wurde in dem Film »Mademoiselle Docteur« (1936) von Dita Parlo dargestellt.

Der ehemalige Chiffrier-Experte Oskar Stürzinger zeigte auf einer Ausstellung 2007 sein »Arbeitswerkzeug« – die Chiffriermaschine CX52.

ENTLARVEN VON SPIONEN

Spione sind, anders könnten sie auch gar nicht arbeiten, sehr gut getarnt. Deshalb entwickelten die abwehrenden Geheimdienste ausgeklügelte Techniken, um ihnen auf die Spur zu kommen: zum Beispiel unsichtbare Pulver, die Berührungen an Gegenständen nachweisen, Anti-wanzengeräte, Funkpeilgeräte, mit denen man Standorte von Funkgeräten aufspüren kann, und heute sogenannte »WLAN-Sniffer« (siehe Kapitel »Geheime Nachrichten« auf S. 16-21)

✳ DER 2. WELTKRIEG

Im 1. Weltkrieg ging es bei der Spionage vor allem darum, Funksprüche des Feindes abzuhören und zu dechiffrieren. Wer wusste, was der Gegner plante, hatte einen enormen Vorteil. Das war auch im 2. Weltkrieg von höchster Wichtigkeit, hinzu kam aber die große Bedeutung der »Abwehr«, also die Vereitelung von Spionage gegen das eigene Land. Dafür waren bei den Kriegsparteien eigene Abteilungen zuständig, in Großbritannien etwa der MI5, in Deutschland die »Amtsgruppe Abwehr im Oberkommando der Wehrmacht«.

Polizeischule Berlin 1941: Ein mobiles Peilgerät zum Aufspüren illegaler Sender von Widerstandsgruppen wird vorgeführt.

WILHELM CANARIS (1887–1945)

Canaris war ein Anhänger Hitlers, schien mit der Zeit aber seine Meinung geändert zu haben. Er kam in Kontakt mit dem deutschen Widerstand. Als er in Verdacht geriet, gelang es ihm, alles geschickt abzustreiten. Zum Verhängnis wurde ihm dann aber ein amateurhafter Fehler: Er führte ein Tagebuch. Als es gefunden und Hitler vorgelegt wurde, befahl dieser die »sofortige Vernichtung« des Verschwörers.

✳ ALLE STEHEN UNTER VERDACHT

Für die Spionageabwehr war zunächst einmal jeder im Land lebende Bürger eines feindlichen Staates verdächtig und ein potenzieller Spion. Mit besonderem Argwohn wurden vor Kriegsausbruch auch die Diplomaten des Feindes beobachtet. Der MI5 wandte vor Kriegsbeginn eine besondere List an: Zwar war dem englischen Geheimdienst eine ganze Reihe von deutschen Spionen bekannt, aber er verhaftete sie erst nach Kriegsausbruch, als es für die Deutschen sehr viel schwieriger geworden war, neue Spione einzuschleusen. Besonders wertvoll für die Abwehr war natürlich die Anwerbung von Doppelagenten aus den Reihen des feindlichen Geheimdienstes. Diese konnten verraten, welche Spione im Land arbeiteten.

✳ KARRIERE ALS SPION

Der Leiter der deutschen Abwehr war eine der schillerndsten Figuren in der an interessanten Personen nicht armen Welt der internationalen Geheimdienste. Schon als Kind spielte er damit, sich falsche Namen zuzulegen und mit Geheimtinte zu schreiben. Als Schüler war er ein verschlossener Außenseiter. Wilhelm Canaris wollte Berufssoldat werden und ging zur Marine. Als er im 1. Weltkrieg in Chile in Gefangenschaft geriet, flüchtete er verkleidet auf einem Pferd über die Kordilleren nach Buenos Aires und reiste von dort mit dem Schiff als angeblicher Chilene unter dem Namen Reed Rosas über das feindliche England nach Hamburg. Hier wurde er Kommandant eines U-Bootes. Nach dem Krieg verschaffte Canaris der neu geschaffenen Marine auf illegalen Wegen Material. Dabei war er Mitglied der rechtsradikalen Terrororganisation O.C. Die Marine schickte ihn in geheimen Missionen nach Japan und Spanien. Immer wieder tauchte sein Name in der Öffentlichkeit im Zusammenhang mit den Morden an den Revolutionären Rosa Luxemburg und Carl Liebknecht auf. Seine Karriere litt nicht darunter, und unter der Diktatur Adolf Hitlers wurde er schließlich Chef der deutschen Abwehr.

Das Handwerkszeug

Mit einem simplen Trick glaubten der sowjetische Geheimdienst KGB und sein amerikanischer Top-Spion John A. Walker die Übergabe von geheimem Material völlig unverdächtig erscheinen zu lassen: Am 17. Mai 1985 legte Walker eine leere Getränkedose am Fuß eines Strommasts an einer Landstraße ab, das Zeichen, dass »Ware« geliefert wurde.

Dann fuhr er weiter und legte eine gefüllte Mülltüte an einem anderen Mast ab. Aber das FBI hatte Walker bereits im Visier, beobachtete ihn und nahm die Getränkedose an sich. Als Walkers sowjetischer Kontaktmann keine Getränkedose sah, kehrte er um. Das FBI überprüfte daraufhin die Mülltüte und fand geheime Unterlagen. Walker wurde verhaftet.

Als der junge John A. Walker 1955 wegen Diebstahls verurteilt wurde, ließ ihm der Richter die Wahl, entweder zur Marine oder ins Gefängnis zu gehen. Walker entschied sich für die Marine und begann 1967, als er Geldprobleme hatte, geheime Informationen an die Sowjetunion zu verkaufen. Dabei war er so erfolgreich, dass aufgrund seines Verrats das Gleichgewicht zwischen den zwei Supermächten angeblich erheblich gestört wurde. Erst fast 20 Jahre später flog er auf und wurde verurteilt. Frühestens am 20. Mai 2015 wird er aus dem Gefängnis entlassen. Nach dem Grund seines Erfolges gefragt, antwortete er: »Die Marine schützt ihre Geheimnisse schlechter als ein Supermarkt.«

JOHN ANTHONY WALKER
BORN 1937

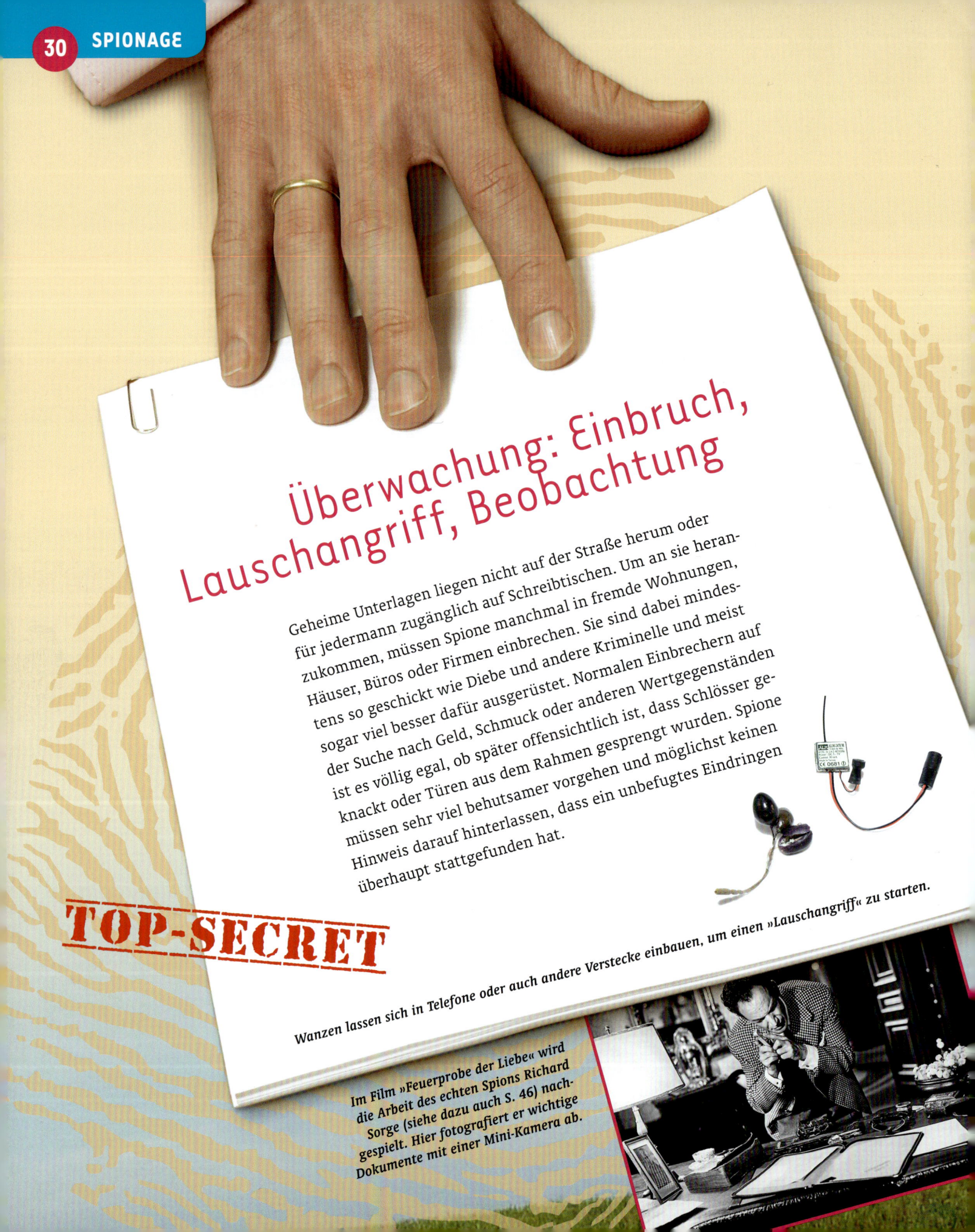

Überwachung: Einbruch, Lauschangriff, Beobachtung

Geheime Unterlagen liegen nicht auf der Straße herum oder für jedermann zugänglich auf Schreibtischen. Um an sie heranzukommen, müssen Spione manchmal in fremde Wohnungen, Häuser, Büros oder Firmen einbrechen. Sie sind dabei mindestens so geschickt wie Diebe und andere Kriminelle und meist sogar viel besser dafür ausgerüstet. Normalen Einbrechern auf der Suche nach Geld, Schmuck oder anderen Wertgegenständen ist es völlig egal, ob später offensichtlich ist, dass Schlösser geknackt oder Türen aus dem Rahmen gesprengt wurden. Spione müssen sehr viel behutsamer vorgehen und möglichst keinen Hinweis darauf hinterlassen, dass ein unbefugtes Eindringen überhaupt stattgefunden hat.

TOP-SECRET

Wanzen lassen sich in Telefone oder auch andere Verstecke einbauen, um einen »Lauschangriff« zu starten.

Im Film »Feuerprobe der Liebe« wird die Arbeit des echten Spions Richard Sorge (siehe dazu auch S. 46) nachgespielt. Hier fotografiert er wichtige Dokumente mit einer Mini-Kamera ab.

Einen ganz besonderen »Wanzenangriff« startete der tschechoslowakische Geheimdienst auf den US-Botschafter in seinem Land. Der bestellte per Post seine Lieblingsschuhe zu Hause in Amerika. Der Geheimdienst fing die Sendung ab und baute in den Absatz Minimikrofone ein. Damit saß der Botschafter mit verwanzten Schuhen in vertraulichen und geheimen Gesprächen.

→ **GENIALE VERSTECKE**

Es ist unglaublich, wie raffiniert Verstecke sein können. In einem Feuerzeug lassen sich eine Wanze oder eine Kamera verbergen. Aus dem Mundspray wird ein kleines Fernrohr.

Durch das Belauschen von Gesprächen von Leuten der »anderen Seite« gelangen Spione an wichtige Informationen. Solche »Lauschangriffe« können ganz unterschiedlich ablaufen. Am bekanntesten sind wohl die legendären »Wanzen«, also Minimikrofone, die für Nichtsahnende unsichtbar z.B. in einer Steckdose verborgen werden. Damit können alle im Raum geführten Gespräche abgehört werden. Nicht weniger bekannt – und praktiziert! – ist sicherlich das Anzapfen von Telefonleitungen und damit das Abhören bzw. Aufzeichnen von Gesprächen. Will man Gespräche von Menschen im Freien belauschen, kommt aber nicht nahe genug heran, helfen sogenannte Richtrohrmikrofone. Und oft ist es wichtig, Gespräche, die man mit jemandem führt, ohne dessen Wissen und ohne dass Verdacht geweckt wird aufzuzeichnen. Auch dafür haben Techniker der Geheimdienste raffinierte Geräte entwickelt.

Eine der ältesten Spionage-Techniken hat ebenfalls noch lange nicht ausgedient: die unmittelbare Beobachtung einer Zielperson. Allerdings ist auch dafür im Laufe der Jahre immer besseres Überwachungsgerät entwickelt worden: vom Faltfernrohr über in Brillen versteckte Kameras bis hin zu einer Farbvideokamera, die nur fünf Millimeter Durchmesser hat.

In diesen Lippenstift wurde eine Mini-Kamera eingesetzt, mit der man unauffällig beim Lippen nachziehen geheime Bilder machen konnte.

✱ GEHEIME DOKUMENTE

Dieses Handwerk des Spions kennt man aus fast jedem Agentenfilm: Da der Diebstahl von geheimen Dokumenten der gegnerischen Seite verraten würde, dass sich ein Spion bei ihr eingeschlichen hat, müssen sie fotografiert oder kopiert werden. Was dazu einfallen haben lassen, ist beeindruckend. Denn die Geräte hierfür mussten möglichst unauffällig, also als andere Gegenständen getarnt bzw. in ihnen versteckt werden und besonders klein sein. Besonders beliebt war die legendäre Minox-Kamera – nicht nur bei der amerikanischen CIA und dem sowjetischen KGB.

✱ VERSTECKE UND TOTE BRIEFKÄSTEN

Spione gehen ein hohes Risiko ein und müssen ständig fürchten, dass ihre Tätigkeit Verdacht erregt. Also müssen sie unbedingt vermeiden, dass verdächtiges Material bei ihnen gefunden wird. Deshalb brauchen sie sehr gute Verstecke, die von den professionellen

Mickey, der Maus-Spion

Ein »toter Briefkasten« ist in Wirklichkeit kein Briefkasten, sondern ein unauffälliges Versteck, in dem man Nachrichten hinterlässt.

Feinden nicht entdeckt werden können. Für die Agenten besonders riskant ist die Übergabe der von ihnen ausspionierten Geheimnisse an ihre Auftraggeber. Da direkter Kontakt viel zu gefährlich wäre, legt man das Material an vorher vereinbarten, am besten einsamen Plätzen ab, wo sie dann vom Auftraggeber, manchmal Tage oder Wochen später, abgeholt werden. Solche Plätze nennen die Geheimdienste »tote Briefkästen«.

✳ SEHR TOTE BRIEFKÄSTEN

Für seine Agenten in Moskau verwendete die CIA zeitweise tote Ratten als Übergabeort. Die Tiere wurden ausgenommen, mit dem Geheimmaterial gefüllt und wieder zugenäht.

✳ TARNUNG

Die Zeiten der Schlapphüte und falschen Bärte sind lange vorbei. Tarnung heißt heute, dass man zum Beispiel zeitweise unter einem falschen Namen reist oder Visitenkarten mit anderem Namen, anderer Berufsbezeichnung und anderer Adresse benutzt. Lebt man als Spion für längere Zeit im Ausland, reicht Tarnung nicht mehr aus.

Dann braucht man eine »Legende«. Dazu muss eine völlig andere Person »erfunden« werden, mit neuem Lebenslauf, neuen Schul- und Arbeitszeugnissen, neuen Ausweispapieren, Versicherungsnachweisen, Krankengeschichten bei einem Arzt, erfundenem Familienstammbuch usw. Bis eine solche Legende wasserdicht »gefälscht« ist, können Monate der Vorbereitung vergehen.

✳ TIERE ALS SPIONE?

Immer wieder wurde versucht, Tiere für den Geheimdienst einzusetzen. Aber das gelang fast nie. Die CIA versuchte 1961 eine Katze mit implantiertem Mikro und Sender darauf abzurichten, einen Katzen-liebenden Staatschef »abzuhören«.

Das funktionierte ebenso wenig wie der Versuch, während des Zweiten Weltkriegs Fledermäuse mit winzigen Brandbomben, die mit Zeitzündern versehen waren, mit Fallschirmen über feindlichem Gebiet abzuwerfen. Bei einem »Testflug« ließen sich die Tiere im nächsten Flughafengebäude nieder und setzten es in Brand. Die Idee wurde nicht weiterverfolgt. Erfolg hatte der britische Geheimdienst MI6 allerdings mit Mickey. Beim Verwanzen des Hauses eines Sowjetspions konnten die Drähte nicht ausreichend weit in die Abflussrohre gesteckt werden. Mickey aber zog sie von einem Ende zum anderen sauber durch das ganze Gebäude. Ob sie dafür einen Orden bekommen hat? Mickey war – natürlich – eine Maus.

Sowjetische und amerikanische Panzer stehen sich am Checkpoint Charlie in Berlin gegenüber.

US ARMY CHECKPOINT

Die Welt hält den Atem an. Alle Augen sind auf Berlin gerichtet.
Am Checkpoint Charlie stehen sich dort sowjetische und amerikanische Panzer gegenüber. Die Kommandeure haben den Befehl, im Notfall zu schießen.
Es ist der 27. Oktober 1961. Wenn es jetzt zu Gewalt kommt, könnte der Dritte Weltkrieg ausbrechen. Was wird geschehen? Wird aus dem Kalten Krieg ein heißer?

Die Welt am Abgrund

YOU ARE LEAVING
THE AMERICAN SECTOR
ВЫ ВЫЕЗЖАЕТЕ ИЗ
АМЕРИКАНСКОГО СЕКТОРА
VOUS SORTEZ
DU SECTEUR AMERICAIN
SIE VERLASSEN DEN AMERIKANISCHEN SEKTOR

→ **CHECKPOINT CHARLIE**

Wusstest du, dass am Checkpoint Charlie, der Grenze zwischen Ost- und Westberlin, die Sektorengrenze in vier Sprachen angezeigt wurde?

✳ BERLIN – DIE STADT DER SPIONE

Nach der Niederlage Deutschlands im Zweiten Weltkrieg sollte kein wirklicher Frieden einkehren: Misstrauisch, feindselig, unversöhnlich standen sich danach die ehemaligen Verbündeten gegenüber. Und nirgendwo in Europa trafen Ostblock (die Sowjetunion und ihre Verbündeten) und der Westen so dicht aufeinander wie in Berlin.
Die in vier »Sektoren« (französisch, amerikanisch, britisch und sowjetisch) geteilte Stadt wurde zum Tummelplatz von Spionen. Als die Sowjetunion den Amerikanern, Briten und Franzosen verbieten wollte, ihren Sektor zu betreten, kam es zu der legendären Panzer-Konfrontation am Checkpoint Charlie, dem Übergang vom amerikanischen zum sowjetischen Sektor. Zum Glück für die Welt entstand daraus kein kriegerischer Konflikt.

Die Geheimdienste aller Staaten waren kräftig aufgestockt worden und versuchten mit allen Mitteln, die Absichten und Pläne der Gegenseite zu erfahren. Das war zu Zeiten des sogenannten »atomaren Wettrüstens« überlebenswichtig: Wie viele Atomraketen hatte der Gegner? Wo waren sie stationiert? Gegen welche Ziele waren sie gerichtet? Spione, die darüber Informationen liefern konnten, waren unglaublich wichtig.

Spionageflugzeug U-2

Die amerikanische CIA ließ Spionage-
flugzeuge bauen, die legendären U-2.
Sie fotografierten aus großer Höhe Mi-
litäranlagen des Ostblocks. Als es den
Sowjets gelang, eine solche Maschine
abzuschießen, war die Aufregung groß.
Der Pilot wurde gefangen genommen
und später in Berlin auf der Glienicker
Brücke gegen einen Sowjetagen-
ten ausgetauscht (siehe Kapitel
»Berühmte Spione« auf S. 44).

*Diese Karte zeigt an, bis wohin
kubanische Raketen abgefeuert
werden konnten.*

Schweres Au
rüstungsmat

✳ KUBAKRISE – DIE WELT KURZ VOR DER KATASTRO-PHE

Auf einem Routine-
Flug über der Insel
Kuba vor der
amerikanischen
Ostküste machte
eine U-2 Fotos von
sowjetischen Atomrake-
ten. Kuba war mit
der Sowjetunion
verbündet. In
diesem Oktober
1962 geriet die Welt
an den Rand eines
Krieges. Der ame-
rikanische Präsident John. F. Kennedy
ordnete eine Seeblockade gegen Kuba
an – kein Schiff durfte mehr die Insel
anlaufen. Und er forderte den Abzug
der Raketen. Erst nach langem Nerven-
krieg ließ Parteichef Nikita Chruscht-
schow die Raketen abziehen.

✳ DER TODESFLUG VON KAL-007

Wie misstrauisch, hochgradig nervös
und in ihren Handlungen eiskalt und
rücksichtslos die Vertreter der beiden
feindlichen Blöcke waren, zeigte sich
zum letzten Mal 1983, bevor Ende der
1980er-Jahre der Kalte Krieg beendet
wurde. Am frühen 1. September 1983
war eine reguläre Passagiermaschine
der Korean Airlines auf dem Weg von
Paris nach Seoul weit vom Kurs abge-
kommen und über sowjetisches Gebiet
geraten. Die russische Luftabwehr ließ
Abfangjäger aufsteigen, um dieses

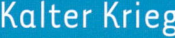

Luftaufnahmen von Spionageflügen, die Raketenstationen auf Kuba zeigen.

Jumbo-Jet Boeing 747 der Korean Airlines: Die Passagiere dieses Flugzeugs wurden Opfer des Kalten Krieges.

»Flugobjekt, das den Luftraum verletzt hatte« zur Landung zu bewegen. Gleichzeitig war auch ein amerikanisches Spionageflugzeug aufgestiegen, um heimlich zu beobachten, wie der Gegner wohl reagieren würde.

Schließlich bedeutete ein sowjetischer Düsenjäger durch Wippen der Tragflächen der KAL-007, sofort auf einem zugefrorenen See zu landen. Moskau war informiert, und die Sowjets waren der Meinung, es hier mit einem Spionageflugzeug zu tun zu haben. Schließlich kam der Befehl zum Abschuss. »Moskau – das Ziel ist zerstört«, meldete der Pilot. 269 Menschen an Bord der Boeing 747 fanden den Tod.

Die Aufregung im Westen über diesen »barbarischen Akt« war groß. Erst später kam heraus, dass der amerikanische Geheimdienst über das Geschehen die ganze Zeit informiert gewesen war. Ein Anruf in Moskau hätte genügt, um die Menschen an Bord der KAL-007 zu retten. Aber der Fehler des Gegners war den Amerikanern wichtiger als die 269 Menschenleben.

In den 50er Jahren wurden die Amerikaner beschuldigt, einen unterirdischen Tunnel durch das Gebiet der Sowjetzone gegraben zu haben, um sowjetische Militärleitungen und Fernsprechkabel der Sowjetzone zu überwachen.

ATOMSPIONE

Klaus Fuchs war wohl der erfolgreichste Atomspion der Russen. Da zur Zeit seines Geheimnisverrates die USA und die Sowjetunion noch Verbündete waren, konnte er nach seiner Enttarnung nur zu einer 14-jährigen Gefängnisstrafe verurteilt werden. Das später gefasste Agentenpaar Julius und Ethel Rosenberg dagegen wurde 1953 wegen Hochverrats verurteilt und hingerichtet.

DER SPION, DER DIE WELT RETTETE

Diesen Titel erhielt Oberst Oleg Penkowski von amerikanischen Journalisten. Von diesem Überläufer des sowjetischen Militärgeheimdienstes erhielt der Westen eine Unmenge wichtiger geheimer Informationen über die atomare Bewaffnung der Sowjetunion. So wussten die Politiker im Westen sehr viel besser, inwieweit ihre Länder bedroht waren, und konnten sich darauf einstellen.

Gefahr ist ihr Geschäft

BND

GEHEIMDIENST DER BRD

Weil der irakische Diktator Saddam Hussein angeblich Massenvernichtungswaffen lagerte, bombardierten die USA am 20.03.2003 die Hauptstadt Bagdad. Der BND soll dazu wichtige Informationen geliefert haben.

✳ DEUTSCHLAND: GEHLEN, WOLF UND BND

Nach dem Zweiten Weltkrieg beauftragten die Amerikaner den ehemaligen Abwehroffizier der deutschen Wehrmacht Reinhard Gehlen einen westdeutschen Geheimdienst aufzubauen. Diese sogenannte »Organisation Gehlen« wurde vielfach kritisiert, da bekannt wurde, dass eine ganze Reihe von Agenten mit Nazi-Vergangenheit dort beschäftigt waren. 1956 entstand aus der Organisation Gehlen der BND, der Bundesnachrichtendienst.

In der DDR war unter sowjetischer Kontrolle das MfS, das Ministerium für Staatssicherheit, für Spionage zuständig. Allerdings hatten die Agenten offiziell einen sehr viel hübscheren Namen: Kundschafter des Friedens. Chef der Agenten war 34 Jahre lang Markus Wolf. Seine HVA (Hauptverwaltung Aufklärung) war enorm erfolgreich und es gelang, viele Spione in wichtigen Positionen in Westdeutschland unterzubringen.

✳ DIE IRAK-AFFÄRE

Natürlich hatte auch der BND, wie jeder Geheimdienst, seine »Affären«. Als die USA und Verbündete 2003 den Irak besetzten, benutzten sie dabei angeblich Geheimdienstinformationen, die ihnen vom BND zur Verfügung gestellt worden waren. Hohen amerikanischen Militärs zufolge waren die Informationen des deutschen Geheimdienstes »äußerst wertvoll«. Allerdings hatte sich die politische Führung Deutschlands damals klar gegen den Einmarsch in den Irak ausgesprochen. Der Geheimdienst folgte also nicht der offiziellen politischen Linie.

Rechts: Reinhard Gehlen, erster Präsident des BND

Oben: Markus Wolf, langjähriger Chef der »Kundschafter des Friedens«

BUNDESNACHRICHTENDIENST ·

Wappen des BND

DER PEINLICHE PASS-FLOP

In Verruf geraten ist der Mossad, weil seine Agenten wiederholt mit Pässen unbescholtener Bürger oder mit Ausweisen anderer Staaten unterwegs waren. Bei der Ermordung eines arabischen Politikers in Dubai im Jahr 2010 sollen Mossad-Agenten mit illegal besorgten Pässen verschiedener europäischer Staaten ausgestattet worden sein. Die betroffenen Länder protestierten heftig.

✳ DER MOSSAD – IMMER IN DEN SCHLAGZEILEN

In der von Geheimnissen umwobenen Szene der internationalen Spionage machen die Agenten des Mossad, des Auslandsgeheimdienstes des Staates Israel, besonders häufig von sich reden. Und wann immer die Zeitungen von einem besonders raffinierten oder waghalsigen geheimen Unternehmen berichten, wird die Frage gestellt: »Ob der Mossad dahintersteckt?« Für den Ruf des Mossad sorgte ein besonderer Coup: 1960 spürte er den NS-Verbrecher Adolf Eichmann, schuldig des millionenfachen Mordes an Juden, in Argentinien auf. Da es zwischen Argentinien und Israel kein Auslieferungsabkommen gab, entführten die Agenten Adolf Eichmann nach Israel. Dort wurde er vor Gericht gestellt und zum Tode verurteilt.

Wappen des Mossad

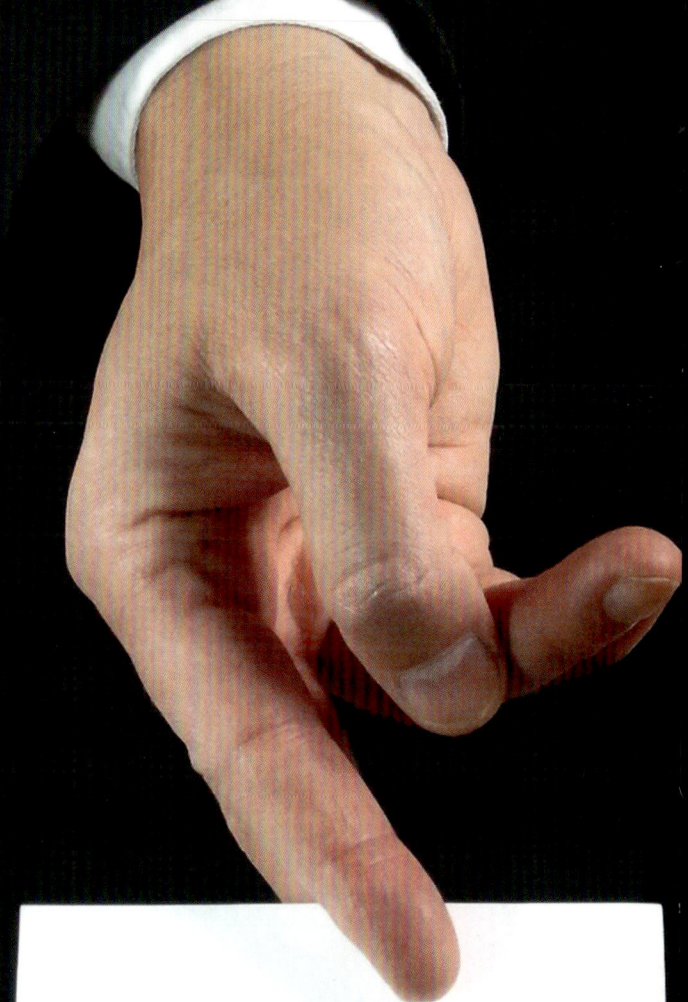

MOSSAD

GEHEIMDIENST VON ISRAEL

FEDORA LÄUFT ÜBER

So erfolgreich der KGB auch immer gewesen sein mag – auch er war nicht dagegen gefeit, dass Mitarbeiter zur gegnerischen Seite wechselten. Solche Überläufer konnten immensen Schaden anrichten, vor allem, weil sie zur Enttarnung von Doppelagenten, sogenannten »Maulwürfen«, beitrugen. Mit »Fedora« (richtiger Name: Viktor Lessiovski) aber gelang dem KGB ein besonderer Coup: Nachdem tatsächlich einige KGB-Mitarbeiter die Seiten gewechselt hatten, spielte »Fedora« diese Rolle nur. Es gelang ihm, die Spitze der CIA zeitweise davon zu überzeugen, dass die vorherigen Überläufer nur Schwindler waren. Für dieses Täuschungsmanöver wurde er nach seiner Rückkehr in Moskau gefeiert.

✳ KGB: DER SCHRECKEN DES WESTENS

Nach dem Zusammenbruch der Sowjetunion wurden viele Geheimnisse des sowjetischen Auslandsgeheimdienstes bekannt. Aber natürlich bei weitem nicht alle. So verriet der SWR, der Nachfolgedienst des KGB, nicht alle geheimen Waffenlager, die im Westen angelegt und mit Sprengfallen gesichert worden waren. Als der Ort eines solchen Lagers in der Schweiz durch einen Überläufer bekannt wurde, richtete man einen Wasserwerfer darauf. Die Folge: eine gewaltige Explosion. Der KGB (das Kürzel steht für »Komitee für Staatssicherheit«) war vor allem auch in der Wirtschaftsspionage tätig. War es doch das erklärte Ziel der Sowjetunion, den Westen wirtschaftlich zu überholen und so die Überlegenheit des Kommunismus zu beweisen. Das sollte nicht klappen, aber das sowjetische Militär profitierte enorm von dieser Spionagetätigkeit. Fachleute schätzen, dass etwa 70 Prozent der Waffen des Ostblocks auf westlichen »Vorbildern« beruhten. Die Pläne zum Bau dieser Waffen müssen also durch Spionage in die Hände der Sowjetunion gelangt sein.

✳ IRREFÜHRUNG UND MANIPULATION: DIE PR-TRICKS DES KGB

Der KGB versuchte aktiv Politik zu machen, indem er die öffentliche Meinung anderer Länder mit falschen Informationen in seinem Sinne beeinflusste oder es bewusst darauf anlegte, Unfrieden zu stiften. So spielte der KGB der indischen Regierung einen gefälschten Brief des CIA-Direktors zu, in dem dieser den Sturz des indischen Ministerpräsidenten anregte. Auch ein angebliches Schreiben des ehemaligen Präsidenten Ronald Reagan wurde »diskret« in Umlauf gebracht ebenso wie ein Geheimvertrag, den die USA 1989 mit Südafrika abgeschlossen hatten. Damals herrschte in Südafrika Rassentrennung und die Staaten Schwarzafrikas waren empört. Auch dieser angebliche Vertrag war eine Fälschung des KGB. Im Ausbildungszentrum des KGB in Moskau gab es eine spezielle Abteilung, in der Mitarbeiter lernten, solche Fälschungen möglichst perfekt herzustellen.

Der »Feodora«-Hut wurde zum Symbol und klassischen Kleidungsstück eines Spions.

KGB

**GEHEIMDIENST DER
RUSSISCHEN SOWJETREPUBLIK**

№ **GEHEIME WAFFENLAGER**

Wie viele der geheimen, durch Sprengfallen gesicherten Waffenlager, die der KGB im Westen angelegt hat, es heute noch gibt, kann nur vermutet werden. Übrigens hatten auch die Amerikaner solche geheimen Waffenlager im Ausland.

Allerdings hat die CIA die Geheimhaltung darüber aufgehoben und die Lager aufgelöst. Dabei wurde bekannt, dass es zum Beispiel alleine in Österreich 79 solcher Waffenlager gegeben hat.

Wappen des KGB

Das Hauptquartier des KGB in Lubyanka

→ **GEHEIME PLÄNE**

Es gab auch Pläne, in von Farbigen bewohnten Gebieten New Yorks Sprengstoffanschläge durchzuführen, um Rassenunruhen auszulösen.

Wappen der CIA

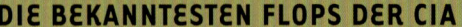

CIA
GEHEIMDIENST DER USA

✳ CIA: GEHEIMDIENST EINER WELTMACHT

Geschätzte 40 Milliarden Dollar kostet das Unternehmen jährlich, mehr als 100 000 Mitarbeiter hat es. Die Rede ist von der Central Intelligence Agency der USA, dem größten und mächtigsten Geheimdienst der Welt. Ähnlich bekannt ist vielleicht nur noch das FBI. Der Unterschied: Die CIA ist für Spionage im Ausland zuständig, das FBI (Federal Bureau of Investigation) für das Inland.

Und natürlich gerät die CIA, wie jeder Geheimdienst, auch immer dann in die Schlagzeilen der internationalen Presse, wenn etwas schiefgelaufen ist. Das ist normal, denn die Erfolge der Dienste bleiben meist, wenn nicht gerade spektakulär ein gegnerischer Spionagering ausgehoben wird, im Verborgenen. So ging die Entlarvung von zehn russischen Spionen im Juni 2010 zwar auf das Konto des FBI, aber die Presse lobte dabei kaum die Leistung des amerikanischen Geheimdienstes. Dagegen war die Verwunderung groß, dass sich die Spione so dumm angestellt hatten (siehe auch Kapitel »Geheime Nachrichten« auf S. 16-21).

DIE BEKANNTESTEN FLOPS DER CIA

- *Schweinebucht 1961: Eine von der CIA finanzierte Invasion des kommunistischen Kuba durch Exilkubaner scheitert.*
- *Afghanistan 1996: Mit Unterstützung von Waffenlieferungen durch die CIA gehen die radikal-islamischen Taliban aus dem Bürgerkrieg als Sieger hervor. In Afghanistan werden danach offen Ausbildungslager islamischer Terroristen geduldet bzw. sogar finanziert.*
- *11. September 2001: Für die Geheimdienste völlig überraschend attackieren Terroristen das World Trade Center in New York und das Verteidigungsministerium in Washington.*

→ AUCH DIE CIA MACHT POLITIK

In Lateinamerika unterstützte die CIA zum Beispiel Militärputsche gegen demokratisch gewählte Regierungen, weil den USA deren Politik nicht passte. Vor allem der Sturz des chilenischen Präsidenten Salvador Allende erregte 1973 die Aufmerksamkeit der Weltöffentlichkeit.

Mithilfe der CIA gestürzt: Chiles Präsident Allende

Wappen des SIS

→ **CHARLIE UND DIE SCHOKOLADENFABRIK**

Dieser Buchtitel klingt wirklich nicht nach Spionage – so heißt das wohl bekannteste Kinderbuch von Roald Dahl. Aber der Autor war viele Jahre lang Spion des britischen Geheimdienstes in Syrien und in den USA.

✱ SIS – MI5 UND MI6: DIE GE-HEIMDIENSTE IHRER MAJESTÄT

Pünktlich um neun Uhr morgens erhält die Königin von Großbritannien eine Akte. Darin steht alles Wissenswerte, was die Agenten Ihrer Majestät in der Welt so herausgefunden haben – und in Großbritannien selbst. So wusste die Königin lange vor den Zeitungen, dass sich ihr Sohn Prinz Charles mit Camilla traf – obwohl er doch noch mit Prinzessin Diana verheiratet war.

✱ »M« RESIDIERT IN LEGOLAND

Aber die britischen Geheimdienste sind weniger an Klatschgeschichten interessiert. Weltweit gelten sie als hervorragend ausgebildet und sehr erfolgreich. MI steht für Military Intelligence, die 5 bezeichnet den Inlands-, die 6 den Auslandsgeheimdienst. Das Hauptquartier des MI6 ist in London und wird wegen seiner Architektur »Legoland« genannt. Es hat fünf unterirdische Stockwerke. Den von James Bond bekannten Leiter »M« gibt es in der Tat, allerdings wird er in Wirklichkeit als »C« bezeichnet.

Das Hauptquartier des MI6 in London. Hier begann in dem James-Bond-Film »Die Welt ist nicht genug« eine wilde Verfolgungsjagd auf der Themse.

BRITISCHER GEHEIMDIENST

MI6

Bewundert, gefürchtet, gehasst

Der wohl erfolgreichste Spion der Sowjetunion in den Fünfzigerjahren baute in den USA ein riesiges Agentennetz auf. Ihm gelang es vor allem, geheime Informationen über die Entwicklung der amerikanischen Atomwaffen an seine Auftraggeber weiterzugeben. Abel war ein Spion »alter Schule«, berühmt wurden die Verstecke, die er für Mikrofilme und in Mikropunkten versteckte Nachrichten benutzte: ein hohles 5-Cent-Stück, ein hohler Nagel mit abnehmbarem Kopf oder ausgehöhlte Manschettenknöpfe. Nach seiner Verhaftung am 21. Juni 1957 wurde er zu 30 Jahren Haft verurteilt.

RUDOLF ABEL

DIE AGENTENBRÜCKE

Diesen Namen erhielt die Glienicker Brücke im Kalten Krieg. Eine dicke weiße Linie in ihrer Mitte trennte Westberlin und die DDR voneinander. Nach dem Austausch des russischen Agenten Rudolf Abel gegen den amerikanischen CIA-Spion Gary Powers im Jahr 1962 (siehe rechts) wechselten am 11. Juni 1985 23 Agenten westlicher Geheimdienste und vier Ostagenten die Seiten. Keine Topleute wie Abel oder Powers, das zeigt schon die große Anzahl. Zum letzten Mal wurden 1986 Spione hier ausgetauscht, wieder am 11. Februar, dem »Jahrestag« des Transfers von Abel und Powers. Seit der Wiedervereinigung gibt es die weiße Linie nicht mehr. Heute geht man ganz normal über die Glienicker Brücke von Berlin nach Potsdam – und wieder zurück.

Der Name von Powers ist untrennbar mit dem Spionageflugzeug U-2 verbunden. Diese Flugzeuge waren mit einer
hoch entwickelten Kamera ausgerüstet, mit der pro Flug
über 4 000 Fotos gemacht werden konnten. Die U-2 flog
so hoch, dass sie von sowjetischen Raketen nicht erreicht
werden konnte. Aber auf seinem Flug am 1. Mai 1960
bekam Gary Powers Maschine über dem Gebiet der Sowjetunion technische Probleme, musste niedriger gehen und
wurde von einer in der Nähe explodierenden Rakete so
schwer beschädigt, dass sie ins Trudeln geriet. CIA-Agent
Powers rettete sich mit dem Fallschirm und wurde bei
seiner Landung festgenommen.

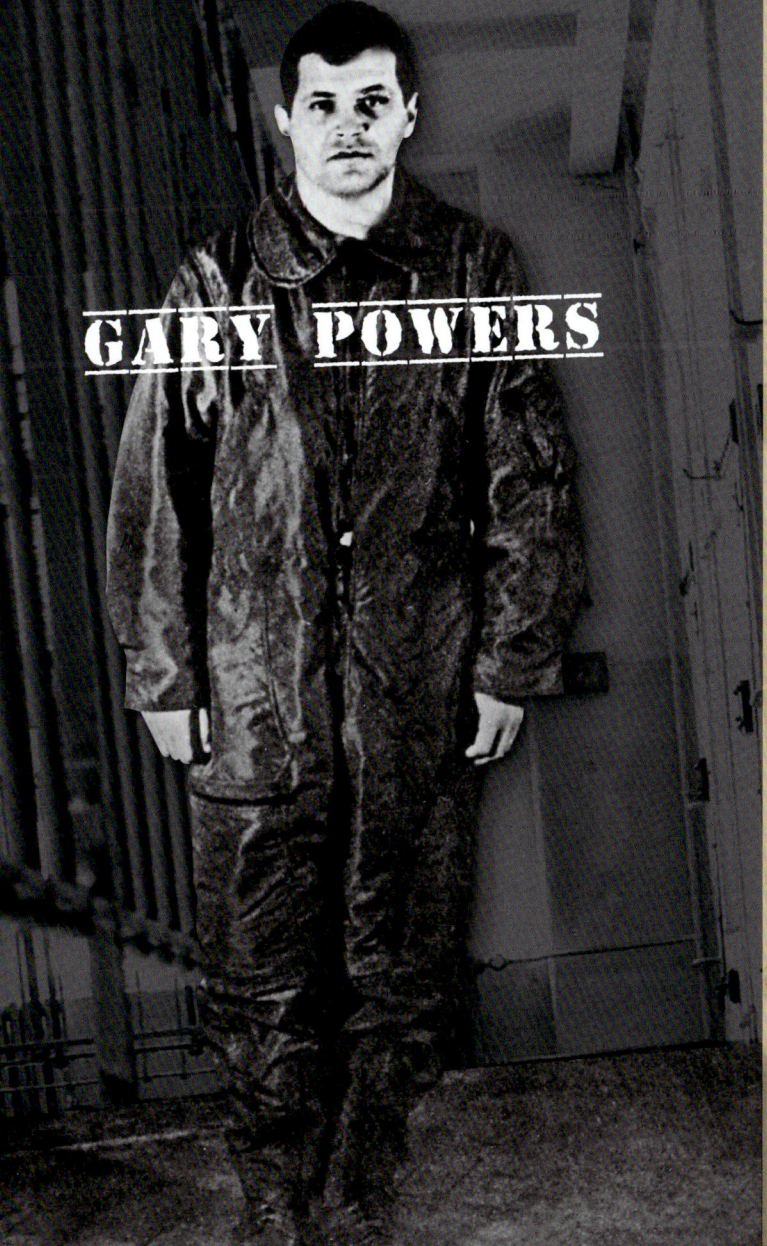

GARY POWERS

HEINZ FELFE

Der langjährige Leiter der Spionageabwehr beim
Bundesnachrichtendienst (BND) war wohl der erfolgreichste Spion Moskaus in Bonn. Zu seiner Funktion
hätte eigentlich gehört – sich selbst zu entlarven, was
er natürlich nicht getan hat. Er spielte seine Rolle als
»Maulwurf« perfekt – seine Vorgesetzten versorgte er
mit angeblich wichtigen Informationen, seinen Auf-
traggebern aber lieferte er, so später die CIA, mehr
als 15 000 geheime Erkenntnisse. Vor allem wurden
Dank seines Verrats etwa 100 international arbeitende
Mitarbeiter des BND sowie eine ähnlich hohe Anzahl
an CIA-Agenten enttarnt. Felfe wurde 1963 zu 14 Jahren
Haft verurteilt und 1969 ausgetauscht.

RICHARD SORGE

Der (angebliche) deutsche Journalist war 1933 nach Japan gekommen. Er war beliebt, kannte »Gott und die Welt« und ließ kein fröhliches Fest aus. Aber in aller Stille baute er ein umfassendes, gegen Deutschland und Japan gerichtetes Agentennetz aus. Zwei seiner wichtigsten Geheiminformationen, die er weitergab, wurden von den betreffenden Verantwortlichen jedoch nicht geglaubt: Weder die Amerikaner hielten einen Angriff auf Pearl Harbor für wahrscheinlich noch Sowjetdiktator Stalin den Angriff Hitlers. Doch ein anderer Geheimbericht Sorges sollte die Weltgeschichte verändern: Die 1941 begonnene »Schlacht um Moskau« wurde deshalb von den Deutschen verloren, weil Sorge aus Tokio berichtet hatte, dass Japan nicht von Osten aus angreifen würde. So konnte die Sowjetunion alle Kräfte um Moskau konzentrieren. 1944 flog Sorge auf und wurde hingerichtet. 1964 wurde ihm posthum der Orden »Held der Sowjetunion« verliehen.

DR. RICHARD SORGE

HELD DER SOWJETUNION

DR. RICHARD SORGE 1895-1944

1M DDR

Im Jahre 1976 gab die DDR eine Sonderbriefmarke zu Ehren des Spions heraus. Im Berliner Stadtteil Friedrichshain ist eine Straße nach ihm benannt.

MATA - HARI

WALERY PARIS

MATA HARI

Wenn man Margaretha Geertruida Zelle heißt, hat man wohl als »Schönheitstänzerin« wenig Chancen. Also änderte die 1876 geborene Holländerin ihren Namen in Mata Hari. Ihre Auftritte waren in ganz Europa bekannt, und sie hatte Beziehungen zu mehreren hochgestellten Persönlichkeiten. Diese versuchte sich der deutsche Geheimdienst mitten im Ersten Weltkrieg zunutze zu machen. 1916 bot man ihr Geld für Informationen an und stattete sie mit Geheimtinte für die Übermittlung von Botschaften aus. Aber auch der französische Geheimdienst warb sie an. Ob Mata Hari überhaupt jemals etwas Geheimes von Bedeutung erfahren und verraten hat, wird heute sehr in Zweifel gezogen. Frankreich fühlte sich jedoch von der Doppelagentin hintergangen und stellte sie 1917 vor ein Kriegsgericht. Sie wurde zum Tode verurteilt und erschossen.

T. E. LAWRENCE

Seit Dezember 1914 arbeitete Leutnant T. E. Lawrence beim britischen Nachrichtendienst in Kairo. Die besondere Aufgabe für den fließend Arabisch sprechenden Mann war, die Araber bei ihrem Aufstand gegen das riesige Osmanische Reich zu unterstützen, das von Konstantinopel aus auch weite Teile Arabiens beherrschte. Dieser Kampf war erfolgreich und Lawrence sollte zu einem der bekanntesten Geheimdienstler aller Zeiten werden. Dazu trugen sein autobiografisches Buch »Die sieben Säulen der Weisheit«, ein erfolgreicher Bestseller, und vor allem die Verfilmung seines Lebens unter dem Titel »Lawrence von Arabien« bei. Hauptdarsteller dieses mit sieben Oscars ausgezeichneten Welterfolges waren Peter O´Toole, Alec Guinness, Anthony Quinn und Omar Sharif. Lawrence selbst sah den Erfolg der Araber mit sehr gemischten Gefühlen: Von Anfang an wusste er, dass Engländer und Franzosen das befreite Land schon längst in Geheimverhandlungen unter sich aufgeteilt hatten.

GÜNTER GUILLAUME

Dass die Auslandsspionage der DDR unter ihrem Chef Markus Wolf ausgesprochen erfolgreich war, ist bekannt. Tausende von »Kundschaftern des Friedens«, wie die ostdeutschen Spione dort genannt wurden, arbeiteten in Westdeutschland im Untergrund. Aber dass es einer von ihnen sogar bis zum persönlichen Referenten des Bundeskanzlers schaffen würde, war eine Sensation. Als bekannt wurde, dass Günter Guillaume seit Jahren für die DDR spionierte, zog Willy Brandt 1974 die Konsequenzen und trat als Bundeskanzler der Bundesrepublik Deutschland zurück.

Auf diesem Bild sieht man den »Herzensbrecher« Heinz Sütterlin mit seiner zweiten Ehefrau.

Liebe, Hass, und Eitelkeit

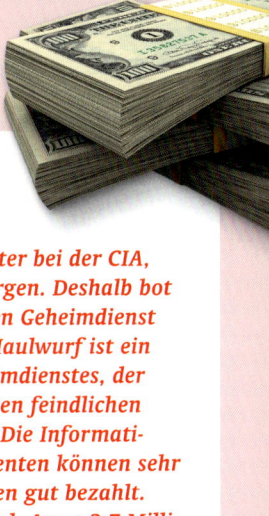

Bundeshauptstadt Bonn, Außenministerium, Winter 1959. Schon wieder ein Strauß roter Rosen! Leonore Heinz, Sekretärin eines Ministerialbeamten, ist verliebt und glücklich. Der Mann, den sie »zufällig« kennengelernt hat, scheint wirklich sehr an ihr interessiert zu sein.

Und das ist er in der Tat! Bald wird sie ihren »Romeo« Heinz heiraten und Leonore Sütterlin heißen, und im Laufe der nächsten Jahre über 3 500 Dokumente mit nach Hause bringen. Die gibt ihr Ehemann an seinen Dienstherrn weiter: an den KGB, den Geheimdienst der Sowjetunion. Erst 1967 fliegt das spionierende Ehepaar auf.

✳ DECKNAME »ROMEO«

Besonders der sowjetische KGB und das ostdeutsche Ministerium für Staatssicherheit (MfS) setzten zur Beschaffung von Geheimnissen auf den Einsatz sogenannter »Romeos«. Das sind Männer, die mit einsamen Frauen eine Beziehung suchen. Voraussetzung: Die Frauen arbeiten in Dienststellen, in denen es Zugang zu geheimem Material gibt. Einsame Frauen, geheimes Material – davon gab es in der ehemaligen Bundeshauptstadt Bonn genug. Mehr als 40 Frauen wurden Opfer solcher »Romeos«, für die sie geheime Unterlagen stahlen: aus Liebe. Wer »Romeo« werden wollte, dem verschaffte das MfS übrigens einen ganz besonderen Vorteil: Die Kandidaten mussten keinen Wehrdienst ableisten.

✳ ICH-BEZOGENHEIT UND ABENTEUERLUST

Nicht nur die Liebe veranlasst Menschen, Geheimnisse weiterzugeben. Viele Menschen werden zu Spionen und Geheimnisverrätern, weil sie sich ungerecht behandelt fühlen. Das kann eine nicht erfolgte Beförderung sein, die den Betreffenden besonders wehtut, oder ganz allgemein mangelnde Anerkennung im beruflichen oder privaten Leben. Viele Spione in Westdeutschland, die für die DDR arbeiteten, fühlten sich dadurch plötzlich »wichtig« und »anerkannt«. Ein nicht seltenes Motiv, Geheimdienstler zu werden, ist auch pure Abenteuerlust, die (häufig) naive Vorstellung, so ein aufregendes und spannendes Leben à la James Bond führen zu können. Die Wirklichkeit ist, vor allem heute, ganz anders (siehe »Anwerbung und Ausbildung« S. 58-61).

✳ MOTIV: GELD

Aldrich Ames, Mitarbeiter bei der CIA, hatte chronisch Geldsorgen. Deshalb bot er sich dem sowjetischen Geheimdienst als Maulwurf an. Ein Maulwurf ist ein Mitarbeiter eines Geheimdienstes, der im Verborgenen für einen feindlichen Geheimdienst arbeitet. Die Informationen solcher Doppelagenten können sehr wertvoll sein und werden gut bezahlt. Insgesamt bekam Aldrich Ames 2,7 Millionen Dollar für seinen Geheimnisverrat. Schließlich wurde er enttarnt und zu lebenslanger Haft verurteilt.

✳ MOTIV: ERPRESSUNG

Wer immer sich als Geheimnisträger einer Verfehlung schuldig machte oder insgeheim einen privaten Lebensstil führte, der in der Öffentlichkeit abgelehnt wurde, war anfällig für Erpressungsversuche. Geheimdienste investierten viel mühsame Routine- und Detailarbeit, bis sie schließlich genügend Wissen über einen geeigneten Kandidaten gesammelt hatten, um einen Erfolg versprechenden Erpressungsversuch zu starten. Die Betroffenen gerieten damit oft in eine schreckliche Lage: Sollten sie riskieren, dass ihr sicher geglaubtes Geheimnis an die Öffentlichkeit gerät, oder aber ihr Land verraten?

✳ MOTIV: ÜBERZEUGUNG

George Blake war Mitglied der Kommunistischen Partei Englands und wurde als Kriegsgefangener im Koreakrieg als Spion vom sowjetischen KGB angeworben. Später wurde er Mitarbeiter des englischen Geheimdienstes MI6 und verriet von dort aus über Jahre hinweg wichtige Geheimnisse nach Moskau. Er wurde nach seiner Entlarvung zu einer langjährigen Freiheitsstrafe verurteilt, aber schon nach kurzer Zeit gelang ihm die Flucht in die Sowjetunion. Im Jahre 2007 verlieh ihm der russische Präsident Putin einen Orden.

Wie legal ist Spionage?

4. März 1988, Flughafen Malaga. Die Irin Mairéad Farrell und ihre Landsleute Daniel »Butch« McCann und Seán Savage sind gelandet. Der britische Geheimdienst MI5, der im Gegensatz zum deutschen BND auch im Ausland operieren darf, erwartet die drei Iren schon …

… Sie sind Mitglieder der IRA, der irischen Terrororganisation, die mit Bombenattentaten den Abzug der Engländer aus Nordirland erzwingen will. Der Verdacht des MI5: Die drei planen ein Attentat im englischen Gibraltar. Aber statt die drei Verdächtigen zu verhaften, lässt man zwei Tage später die Sondereinheit SAS zuschlagen. Mairéad Farrell schießen die Männer in den Kopf, dann dreimal in den Rücken. McCann bekommt fünf Kugeln in den Kopf, Savage wird von 27 Kugeln getroffen. Die drei Iren waren unbewaffnet.

✳ LIZENZ ZUM TÖTEN?

Geheimdienste würden nie zugeben, dass sie gezielt jemanden töten, die »Lizenz zum Töten« gibt es offiziell nicht. »Shoot-to-kill« heißt die Formel übrigens in Großbritannien. Dort gibt es sogar einen offiziellen Begriff für das (möglichst) glaubwürdige Verleugnen – »plausible denial«; und zwar schon seit den Zeiten der Königin Elisabeth I. und ihres Geheimdienstchefs Walsingham (siehe »Kurze Geschichte der Spionage« S. 13).

Fidel Castro: im Fadenkreuz der CIA

Dass im »Spionagegeschäft« aber denoch Menschen gewaltsam zu Tode gebracht, werden ist kein Geheimnis. Die Geheimdienste der westlichen Welt stehen unter parlamentarischer Kontrolle, so kann man annehmen, dass ihre Agenten keine berufsmäßigen Killer sind. Aber wenn man liest, dass die CIA in acht (!) Mordversuche an dem kubanischen Staatschef Fidel Castro verwickelt war, so muss man zumindest davon ausgehen, dass es hier eine große »Grauzone« oder »rechtsfreie Zone« gibt, in der die Wahrheit eben wegen der damit verbundenen Geheimhaltung nicht immer ans Licht der Öffentlichkeit kommt. So werden solche Morde manchmal von Regierungen akzeptiert oder sogar angeordnet, obwohl sie rechtlich natürlich wie jeder andere Mord auch illegal sind.

Osama Bin Laden, Anführer der terroristischen Gruppe Al-Qaida, wurde vom amerikanischen Geheimdienst CIA in Pakistan aufgespürt und im Mai 2011 von Spezialkräften erschossen.

Der Felsen von Gibraltar, englisches Gebiet am Südzipfel Spaniens. Hier erschoss 1988 eine britische Spezialeinheit drei unbewaffnete Iren. Der Europäische Gerichtshof für Menschenrechte klagte deshalb Großbritannien wegen gezielter Tötung an. Diese Klage wurde zwar abgewiesen, Großbritannien aber bescheinigt, unangemessen auf die Situation regiert zu haben.

»Bei jeder Operation agiert man oberhalb der Gürtellinie und unterhalb der Gürtellinie. Oberhalb der Gürtellinie handelt man nach dem Gesetz, unterhalb der Gürtellinie erfüllt man seine Aufgabe.« John le Carré, Ex-Geheimdienstler und Schriftsteller bekannter Spionageromane

»Grundsätzlich erledigen Geheimdienste die »Drecksarbeit« der sie beauftragenden Regierungen. Geheimdienste kommen eben auch überall dort zum Einsatz, wo rechtsstaatliche Grenzen überschritten werden oder offenes Vorgehen nicht erwünscht ist.« Geheimdienstexperte Udo Ulfkotte

Der in London lebende bulgarische Regimekritiker Georgi Markow wurde von einem Agenten des bulgarischen Geheimdienstes mit einem zur tödlichen Waffe umgebauten Regenschirm umgebracht.

Cyberkrieg und

Der Anschlag vom 11. September 2001 auf das World Trade Center in New York konnte von keinem Geheimdienst verhindert werden.

Terrorismus

»Australier sollen in Deutschland aufpassen, Franzosen in England, US-Bürger in ganz Europa – in der westlichen Welt gehen Terrorwarnungen um. Dazu kommen Festnahmen, angebliche Drohnen-Tote, düstere Drohungen. Doch belastbare Informationen, die diese Aufregung rechtfertigen, sind rar.«

So die Online-Ausgabe des Nachrichtenmagazins »Der Spiegel« im Oktober 2010. Standen ähnlich schreckliche Anschläge bevor wie im Juli 2005 in London mit mehr als 50 Toten oder wie im März 2004 in Madrid mit fast 200 Toten? Die Antwort war – wie immer – nicht eindeutig. Aber klar war und ist, dass der internationale Terrorismus zur Bedrohung für viele Länder geworden ist und damit, nach Ende des Kalten Krieges, zu einem der wichtigsten Aufgabengebiete der Geheimdienste. Dabei gibt es zwar immer wieder auch Erfolge bei der Vereitlung von Anschlägen im eigenen Land, z. B. in Deutschland bezüglich der geplanten Anschläge der sogenannten »Sauerland-Gruppe«. Aber es scheint ungeheuer schwer zu sein, an die Anschläge planenden Gruppen im Ausland heranzukommen und sie mit Agenten zu infiltrieren.

Mitglieder der Sauerland-Gruppe vor Gericht. Sie bestand aus in Deutschland geborenen und in Wasiristan ausgebildeten Anhängern des Islam, die davon überzeugt waren, dass der Westen, also auch Deutschland, den Islam würde vernichten wollen. Deshalb wurden von ihnen tödliche Sprengstoffanschläge in Deutschland geplant.

Die ETA übermittelt Forderungen und Mitteilungen durch Videobotschaften, in denen sich die Mitglieder vermummen.

✳ WILDES WASIRISTAN

Woher kommen die Terroristen, wo werden sie für ihr schreckliches Handwerk ausgebildet? Eine wichtige Spur, das ist sicher, führt nach Nord-Wasiristan. Diese wilde, nur schwer zu kontrollierende Bergregion im Nordosten Pakistans ist ein wichtiges Zentrum terroristischer Aktivitäten. Junge Leute aus westlichen Staaten, die sich islamischen terroristischen Gruppen anschließen wollen, werden hier ausgebildet. Dabei handelt es sich aber dort, wie in vielen ähnlichen Gegenden und Ländern, nicht um eine große, einheitliche Terrororganisation, sondern um eine Vielzahl von Splittergruppen. Dies macht eine effektive geheimdienstliche Überwachung natürlich umso schwerer.

✳ WAS WOLLEN TERRORISTEN?

Terroristen wollen politische Veränderungen »mit allen Mitteln« herbeiführen. Dazu gehören etwa Sprengstoffanschläge und Entführungen, um feindliche Regierungen zu erpressen. Der Tod von unbeteiligten Menschen wird dabei in Kauf genommen. Terrorismus kann, muss aber nicht zusätzlich auch einen religiösen Hintergrund haben. Bekannte neue und alte Terrororganisationen: Al-Qaida (islamisch), IRA (irisch, katholisch), ETA (baskisch).

Mohammed Atta flog eines der Flugzeuge bei dem von der Terrorgruppe Al Qaida geplanten Anschlag auf das World Trade Center in New York.

Hauswand-Malerei in Belfast im Gedenken an das IRA-Mitglied Bobby Sands: Er war an den Folgen eines Hungerstreiks in Haft gestorben. Er und andere inhaftiere IRA-Mitglieder wollten durch die Aktion die Anerkennung als politische Gefangene durchsetzen.

Terrorismus gibt es nicht erst seit wenigen Jahren. Am 21. Dezember 1988 explodierte über Schottland an Bord einer amerikanischen Verkehrsmaschine eine Bombe. 259 Menschen, die an Bord waren, starben. Wracktrümmer waren über mehrere Kilometer verteilt. Die Spur der Täter führte nach Libyen. Einer der für den Teroranschlag verantwortlichen Libyer saß lange in Schottland im Gefängnis und wurde wegen einer schweren Erkrankung frühzeitig entlassen.

✱ DER KRIEG DER DROHNEN

Im Kampf gegen Terroristen werden immer mehr Drohnen eingesetzt. Das sind unbemannte Flugzeuge von unterschiedlicher Größe – die Spannweite kann von wenigen Millimetern bis zu 40 Metern betragen. Mit Raketen ausgerüstete Drohnen werden von den USA verstärkt zur Tötung von mutmaßlichen Terroristen in deren Gebieten, zum Beispiel in Nord-Wasiristan, eingesetzt. Drohnen dienen auch zur Überwachung und Erkundung, sie werden entweder durch ein Programm oder über Satellit gesteuert. Fraglich ist, ob der Einsatz als Waffe mit dem Völkerrecht vereinbar ist.

✱ WACHSTUMSBRANCHE WIRTSCHAFTSSPIONAGE

Wer weiß schon, dass die Deutsche Telekom mehrere Teams beschäftigt, die ihren Kunden technische Hilfestellung dabei leistet, gegen sie gerichtete Wirtschaftsspionage abzuwehren? Das kann natürlich die gute alte Abhörwanze in der Steckdosenleiste sein oder die im Bewegungsmelder eingebaute Kamera. Aber auch ein topmoderner »Tastengeist« (key ghost), ein winziges Bauteil, das zwischen Rechner und Tastatur gesteckt wird und Millionen von Tastaturanschlägen per Funk weitergibt. All diese Gerätschaften kann man einfach im Internet in sogenannten »spy shops« kaufen. Und das Geschäft scheint zu brummen: Wirtschaftsspionage nimmt, wie Experten schätzen, jährlich um mindestens 10 Prozent zu.

Und wer spioniert? Dahinter stecken beileibe nicht nur asiatische Länder oder sogenannte »Schurkenstaaten« – auch die Geheimdienste befreundeter Länder spionieren gegenseitig die Wirtschaftsunternehmen aus. Als Schurkenstaaten bezeichnete der ehemalige US-Präsident George W. Bush Länder wie z. B. den Iran, Syrien und den Sudan, die den internationalen Terrorismus unterstützen.

✱ CYBERWAR – KRIEG IM INTERNET

Mit der modernen Informationstechnologie lässt sich unermesslicher Schaden anrichten. Noch heute etwa ist ungeklärt, wer den Stuxnet-Wurm, der sich gegen die Atomanlagen im Iran richtete, programmiert hat. Die Entwicklung dieses Computerwurms muss Millionen gekostet haben. War es ein Geheimdienst? Und wenn ja – welcher? Der russische, der amerikanische, der israelische?

Neuestes Mittel zur Abwehr von Terroranschlägen in Flugzeugen: Passagiere werden an immer mehr Flughäfen mit sogenannten Körperscannern durchleuchtet.

Mit einem Computerwurm kann die ganze IT eines riesigen Unternehmens lahmgelegt werden. Und Unterhaltungsgigant Sony musste 2011 erleben, dass Hacker Millionen von vertraulichen Kundendaten stahlen. Aber auch Regierungen sind betroffen: Im Jahre 2007 wurden in Berlin Spionageprogramme in den Computern des Kanzleramtes sowie des Wirtschafts- und Innenministeriums entdeckt. Wer war's? Und wer steckte dahinter, als 2009 in nicht weniger als 103 Ländern dieser Welt Rechner von Behörden und Regierungen geknackt wurden?

Die Liste ließe sich fortsetzen. Sicher ist, dass Geheimdienste hier intensiv daran arbeiten müssen, künftig Schaden für ihre Länder, der auf diesem Weg angerichtet werden soll, abzuwenden.

Das Bild zeigt eine MQ-1 Predator – ein unbemanntes Spionageflugzeug auf einem Testflug.

Beim Bau des französischen Flugzeugträgers Charles de Gaulle (Foto oben) wurden mehre Agenten enttarnt, die dort als »Ingenieure« arbeiteten. In Wirklichkeit waren sie Angestellte des britischen Geheimdienstes MI6.

So wird man

Es ist 6 Uhr morgens. Raus zum Frühsport! Heute wird Nahkampf geübt. Nach dem Frühstück steht dann Schießen auf dem Plan. Gut, dass es am Nachmittag etwas ruhiger zugeht. Da wird ein ehemaliger Mitarbeiter des Geheim-dienstes über Verkleidung und Tarnung unterrichten. Und morgen wird es besonders spannend: Da geht es um »Beschatten und Verfolgen«.

Spion

→ **JOBBÖRSEN**

Wie andere Unternehmen auch sucht der deutsche Bundesnachrichtendienst BND Nachwuchs auf so-genannten Jobbörsen. Dazu hat er eigene Stände zum Beispiel auf der CeBIT, der größten IT-Messe der Welt, oder bei den AZUBI & Stu-dientagen in verschiedenen deutschen Städten.

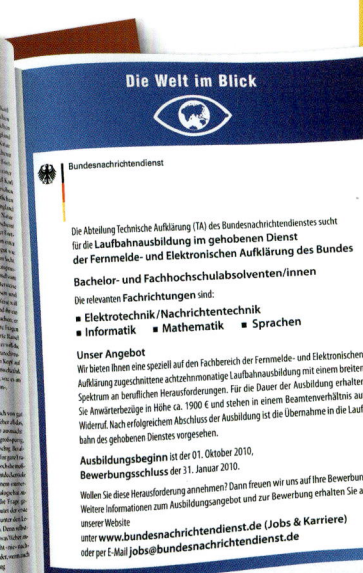

Die Welt im Blick

Bundesnachrichtendienst

Die Abteilung Technische Aufklärung (TA) des Bundesnachrichtendienstes sucht für die **Laufbahnausbildung im gehobenen Dienst der Fernmelde- und Elektronischen Aufklärung des Bundes**

Bachelor- und Fachhochschulabsolventen/innen

Die relevanten Fachrichtungen sind:

- Elektrotechnik/Nachrichtentechnik
- Informatik   ■ Mathematik   ■ Sprachen

Unser Angebot
Wir bieten Ihnen eine speziell auf den Fachbereich der Fernmelde- und Elektronischen Aufklärung zugeschnittene achtzehnmonatige Laufbahnausbildung mit einem breiten Spektrum an beruflichen Herausforderungen. Für die Dauer der Ausbildung erhalten Sie Anwärterbezüge in Höhe ca. 1900 € und stehen in einem Beamtenverhältnis auf Widerruf. Nach erfolgreichem Abschluss der Ausbildung ist die Übernahme in die Laufbahn des gehobenen Dienstes vorgesehen.

Ausbildungsbeginn ist der 01. Oktober 2010,
Bewerbungsschluss der 31. Januar 2010.

Wollen Sie diese Herausforderung annehmen? Dann freuen wir uns auf Ihre Bewerbung. Weitere Informationen zum Ausbildungsangebot und zur Bewerbung erhalten Sie auf unserer Website
unter **www.bundesnachrichtendienst.de (Jobs & Karriere)**
oder per E-Mail **jobs@bundesnachrichtendienst.de**

Nahkampfausbildung und Schießtraining unterziehen sich wahrscheinlich nur noch wenige Sonderkräfte heutzutage.

FBI-Academy in Quantico, USA

Von der Fernmeldetechnik bis hin zum Verwaltungsrecht: Die Berufsanforderungen im Nachrichtendienst sind ganz unterschiedlich.

✳ GANZ NORMALE STELLENSUCHE

So ungefähr mag man sich die Ausbildung eines Spions vorstellen. Aber die Wirklichkeit ist meist viel weniger aufregend. Das wird schon deutlich, wenn man sich anschaut, wie und wo Nachrichtendienste ihren Nachwuchs suchen. Heute informieren Geheimdienste auf ihrer Homepage ganz offen über Stellenangebote und die für die Positionen notwendigen Voraussetzungen. Die amerikanische CIA rühmt die von ihr angebotenen Karrierechancen und weist besonders auf die interessanten Auslandseinsätze hin. Auch der deutsche Bundesnachrichtendienst spricht ganz offen davon, dass er den Bewerbern »eine faszinierende und in jedem Fall außergewöhnliche Herausforderung im In- oder Ausland« anbietet. Aber auch Stellenanzeigen werden geschaltet. Und dass Geheimdienste in Einzelfällen direkt an Wissenschaftler an Universitäten und Studenten herantreten, um geeigneten Nachwuchs und Mitarbeiter zu finden, ist bekannt und international üblich.

✳ AUF DER AGENTENSCHULE

Heute bieten private Unternehmen wie etwa die Florida International University eine Ausbildung zum Agenten an. Aber die Geheimdienste bilden auch selbst aus. Der Lehrplan zum Beispiel beim BND hört sich allerdings nicht sehr nach James Bond an: Grundlagen des Verwaltungshandelns (staatsrechtliche und politische, verwaltungs- und zivilrechtliche, finanzwirtschaftliche, betriebswirtschaftliche und sozialwissenschaftliche Grundlagen), nachrichtendienstlich relevante Strafrechts- und Strafverfahrensvorschriften usw. Aber es stehen auch ein paar aufregender klingende Fächer auf dem Lehrplan, zum Beispiel operative Aufklärung, Observation, nachrichtendienstliche Technik (alles Pflichtfächer).

✳ WER WIRD GEBRAUCHT?

Grundsätzlich kann sich jeder bewerben, der im Besitz der deutschen Staatsangehörigkeit ist, gut Englisch spricht und eine Berufsausbildung im kaufmännischen, verwaltungsfachlichen, technischen und sprachlichen Bereich erfolgreich abgeschlossen hat. Man kann beim BND zum Beispiel auch eine Ausbildung machen, wenn man eine abgeschlossene technische Berufsausbildung hinter sich hat oder einen Fachhochschulabschluss in Nachrichtentechnik, Elektrotechnik, Informatik, Mathematik oder Sprachen hat. Hier winkt eine Anstellung in der Fernmelde- und Elektronischen Aufklärung des Bundes.

BEDINGUNG: COCKTAILKURS

Bevor Mitarbeiter des BND (Bundesnachrichtendienstes) ins Ausland geschickt werden, müssen sie vorher an einem besonderen Lehrgang teilnehmen. Der hat bei den Nachrichtendienstlern den Spitznamen »Cocktailkurs«. Woher der Name kommt, weiß heute niemand mehr, aber er hat mit Getränken wie zum Beispiel dem von James Bond bekannten Martini (»geschüttelt, nicht gerührt«) nichts zu tun. In diesem Kurs lernen die Mitarbeiter des Bundesnachrichtendienstes, welche Besonderheiten bei ihrem Auslandseinsatz zu beachten sind.

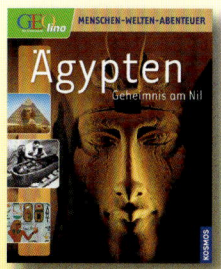
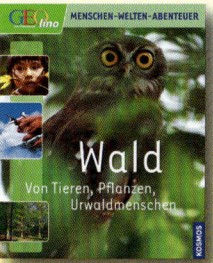
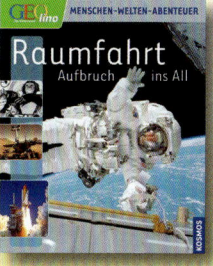

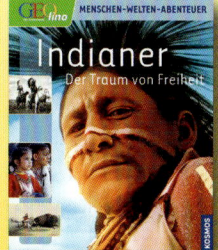
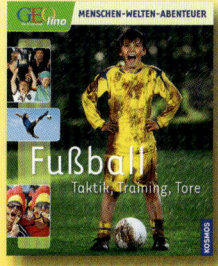

Zum Autor

Michael Kohlhammer hat Soziologie studiert und arbeitete viele Jahre als Programmleiter in mehreren deutschen Kinderbuch- und Spieleverlagen. Heute lebt er als Autor und Übersetzer überwiegend in Frankreich und Irland. »Spionage« ist nach »Indianer«, »Wüste«, »Deutschland« und »Rom« bereits sein fünfter Band in der Reihe: Menschen – Welten – Abenteuer.

Bildnachweis

Abkürzungen:
o = oben; u = unten; m = Mitte; l = links; r = rechts; die Ziffern beziehen sich auf die Buchseiten.

Mit Fotos von:

Umschlag: Schlüsselloch: Evgeniya Ponomareva/fotolia.com; Matrix: ivan kmit/fotolia.com; Drohne: picture-alliance/dpa; Akte: Heinzgerald/fotolia.com; Fotograf mit Kamera: Rainer Holz/Corbis

2happy/fotolia.com: 4 u. 51 r.u.; 663highland/Wikipedia: 4 u. r., 10 u. r.; A.Savin/Wikipedia: 40 l. u.; aberenyi/fotolia.com: 44 r. o.; Andreas Haertle/fotolia.com: 38 l. o., 45; Arnim Schulz/fotolia.com: 54/55 o., 64. o.; ArTo/fotolia.com: 39 r. ; Close Encounters/fotolia.com: 6 l. o.; Corbis: 16/17, 31 r.; Dmitri Mikitenko: 19 l.; dusk/fotolia.com: 33 o.; Dwerner/fotolia.com: 60 o.; Eric J. Tilford./wikipedia: 52/53; Erik Schumann/fotolia.com: 32 u. r., 6 r.; farbkombinat/fotolia.com: 58; FBI: 60 l. m.; FCS Photography/fotolia.com: 60 l. u.; focus finder/fotolia.com: 28/29; Gina Sanders/fotolia.com: 42 l. o.; Hanik/fotolia.com: 7 l. o.; Heinrich Peyers: 3, 22 l. 2. v. u., 22 l. o., 22 u., 23 o., 23 r. m., 23 r.o., 30 m, 31 o. m., 31 o.; www.pcworld.com/article/178929/john_anthony_walker.html: 29 r.; ilumin8/fotolia.com: 39 l. o.; Ina Lutterbüse/Kosmos: 19 o. m., 19 o. r.; inka schmidt/fotolia.com: 30, 33 l., 40 r. o.; kernel/fotolia.com: 19 r. m.; Lgrig/Dreamstime.com: 28, 4 l. 4.v. o.; Luc Alquier/wikipedia: 56 u. l. , 64 u.; makuba/fotolia.com: 52 l.; mark yuill/fotolia.com: 5 r. 3. v. o., 7 l. u. 2. v. l.; Matteo Groppo/fotolia.com: 59 r.; Mcan/fotolia.com: 18/19; Moisespinedo/Dreamstime.com: 5 r. 2. v. o., 7 l. u.; namwar69/fotolia.com: 33 r. u.; Nik/fotolia.com: 29 l.; ÖNB/Wikipedia: 6 l. u.; olly/fotolia.com: 10/11, 12; Pakhnyushchyy/fotolia.com: 32 u. l.; Petra Eckerl/fotolia.com: 18/19; piai/fotolia.com: 59 l.; picsfive/fotolia.com: 22 l. 3.v.o.; picture-alliance: 4 l. u., 5 r. o., 5 r. u., 5 u. m., 8/9, 11 u. m., 11 u. r., 15 o. r., 21 u. l., 30 u.; picture-alliance/akg-images: 11 o., 18, 27 l.; picture-alliance/akg-images/Erich Lessing: 12 u. r., 4 l. 2. v. o., 8 o.; picture-alliance/akg-images/Peter Connolly: 12 u. l.; picture-alliance/Beyond: 30 o.; picture-alliance/dpa: 4 l. 3. v. o., 4 l. o., 4 r. 2. v. o., 5 r. 2. v. u. 6 m., u., 7 u. r., 14/15, 15 o. l., 15 o. m., 20 l. o., 22 l. 2. v. o., 23 r. u., 24 u., 25 l. m., 26, 34 r., 34/35, 36 l., 37 2. v. o., 37 o. l., 37 u. l., 37 u. r., 38 l. m., 38 u. m., 42 l. u., 42 r. u., 44 o., 44 r. u., 45 l., 45 r., 47 l., 48, 49 u., 50 l., 50 r., 51 r. 2. v. u., 51 r. o., 53 u., 53 o., 54 r. o., 54 r. m., 55 o., 57 m., 57 o., 57 u., 60 r. u.; picture-alliance/dpa/dpaweb: 54 r. u.; picture-alliance/DoD: 36 o.; picture-alliance/empics: 7, 55 u.; picture-alliance/Everett Collection/Old Visuals: 41, 43 r. o., 47 r.; picture-alliance/J. PAUL/Spectrum: 51; picture-alliance/landov: 56 o. , 64 o. r.; picture-alliance/Sueddeutsche Zeitung Photo: 24 l.; picture-alliance/united archives: 10 u. l.; picture-alliance/Mary Evans Picture Library: 13 o., 13 u., 20 l. u., 46 r.; picture-alliance/Sven Simon: 38 l. u.; picture-alliance/United Archives/TopFoto: 27 r.; picture-alliance/ZB: 32 o; rotoGraphics/fotolia.com: 31 o. l.; Sergiy Serdyuk/fotolia.com: 40 l.; silencefoto/fotolia.com: 43 u.; Tagishsimon/Wikipedia: 43 r. m.; The John F. Kennedy Presidential Library and Museum, Boston/Wikipedia: 4 r. o., 36 r.; Tomislav Forgo/fotolia.com: 49 o. r.; trex_mf/fotolia.com: 7 l. u. 3. v. l.; Udo Ulfkotte/Wikipedia: 51 r. 2. v. o.; unpict/fotolia.com: 14 l.; unpict/fotolia.com: 61; Vladimir Mucibabic/Dreamstime.com: 56 u. r.; vlntn/fotolia.com: 45 r.; VRD/fotolia.com: 49 o. l.; Wikipedia: 5 u. l., 20 l. m., 21 u. r., 25 l. o., 37 o. l., 38. u. r., 39 l. u., 40 l., 42 r. o., 43 l. o., 46 l.; www.asterix.com © 2011 LES ÉDITIONS ALBERT RENÉ/GOSCINNY-UDERZO: 11 u. l.; www.cinetext.de: 25 l. u.; Zeitschrift c't Ausgabe 1/2010/Wikipedia: 59 l.; zoe/fotolia.com: 60 2. v. l.

Impressum

Unser gesamtes lieferbares Programm und viele weitere Informationen zu unseren Büchern, Spielen, Experimentierkästen, DVDs, Autoren und Aktivitäten finden Sie unter **kosmos.de**

Gedruckt auf chlorfrei gebleichtem Papier

© 2011, Franckh-Kosmos Verlags-GmbH & Co. KG, Stuttgart
© GEOlino im Verlag Gruner + Jahr AG & Co. KG, Hamburg
www.geolino.de
Alle Rechte vorbehalten
ISBN 978-3-440-12824-4
Redaktion: Ina Lutterbüse / Silke Arnold
Bildredaktion: Eva Mokhlis
Gestaltungskonzept: Atelier Bea Klenk
Gestaltung und Satz: Bea Klenk
Produktion: Verena Schmynec
Printed in Germany / Imprimé en Allemagne

MIX
Papier aus verantwortungsvollen Quellen
FSC
www.fsc.org
FSC® C004592